极简科学系列

A+ books

泥土

［美］艾米丽·杰姆斯　著
秦笑妍　译

黑龙江科学技术出版社

黑版贸审字：08-2019-114
图书在版编目(CIP)数据

极简科学.2，泥土 / (美) 艾米丽·杰姆斯 (Emily James) 著；秦笑妍译.—哈尔滨：黑龙江科学技术出版社，2019.7

ISBN 978-7-5719-0118-9

Ⅰ.①极… Ⅱ.①艾… ②秦… Ⅲ.①科学知识—普及读物 ②土—普及读物 Ⅳ.①Z228 ②P642.1-49

中国版本图书馆CIP数据核字(2019)第095209号

泥土
NITU
[美]艾米丽·杰姆斯　著　秦笑妍　译

项目总监	薛方闻
项目策划	孙　勃　王　哲
责任编辑	马远洋
封面设计	林　子
出　　版	黑龙江科学技术出版社 地址：哈尔滨市南岗区公安街70-2号　邮编：150007 电话：(0451)53642106　传真：(0451)53642143 网址：www.lkcbs.cn
发　　行	全国新华书店
印　　刷	雅迪云印(天津)科技有限公司
开　　本	230 mm×260 mm　1/12
印　　张	$2\frac{1}{3}$
字　　数	2千字
版　　次	2019年7月第1版
印　　次	2019年7月第1次印刷
书　　号	ISBN 978-7-5719-0118-9
定　　价	174.00元(全六册)

目　录

什么是泥土?

看！在你的脚下，你看到了什么？泥土！泥土可以是湿软的、泥泞的，也可以是多沙的。

你可以挖坑，也可以在泥土里种花草。泥土覆盖了地球上几乎全部的陆地。但什么才是泥土呢?

泥土也被人们称为土壤。土壤是一种大自然不同成分物质的混合物。其中，大多数泥土的岩层由岩石、沙子、淤泥和黏土组成。

树叶、小树枝和部分动物尸体残留物的碎片也可以是组成土壤的一部分。

泥土的类型

人们在海洋附近发现的土壤通常是由沙子组成的。沙子中含有破碎的岩石和贝壳，它让人感到粗糙和坚韧。

沙子是大颗粒的。它们不会紧紧地粘在一起。水很快就可以从沙土中流出。这种土壤没有过多的营养成分，很容易被水冲走。

淤泥和沙子很像。但是淤泥的颗粒比沙子要小。它是深色的，给人的感觉是柔软且光滑的。淤泥是种植植物的好土壤。它为植物储存了大量的食物和水分。

黏土的颗粒比淤泥还要小，颜色也是各种各样的。黏土给人的感觉是柔软且有黏性。黏土的排水性不好，其中含有大量的矿物质。正是这些矿物质使黏土成为种植庄稼的优良土壤。

腐殖质是土壤中暗色黏稠的部分。它是由腐烂的植物（如树叶、木头）和动物组成的。

黏稠的腐殖质有助于把泥土的岩石部分粘在一起。腐殖质含有植物生长所需的营养物质。

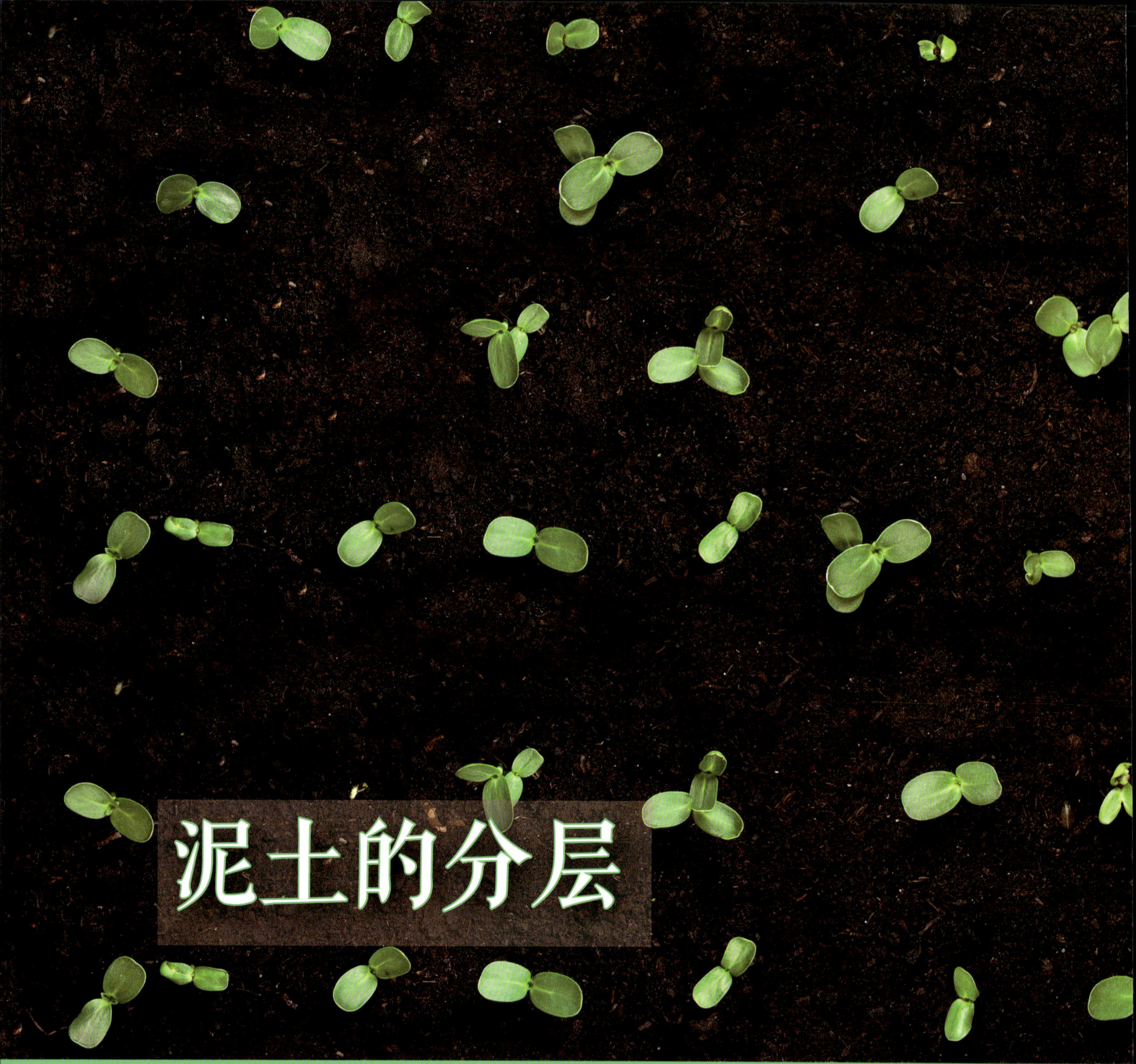

泥土的分层

腐殖质、水和空气通常存在于土壤的上层。这一层被人们称为表土层。

表土很暗，富含养分，最适合人们在其中种植农作物和其他植物。表层土壤的形成可能需要几百年的时间。

表土层下面是底土层。矿物质聚集在这一层。植物的根通常会伸入底土层土壤中以获取营养物质。

在底土的深处是坚硬的岩石。没有植物
或者动物能够生活在这一层中。但土壤
就是从这层岩石中开始逐渐形成的。

谁生活在泥土中？

数百万的生物生活在泥土中。甲壳虫等多足类动物在泥土中扭动和爬行。许多动物太小了，甚至凭肉眼我们都很难看见它们。

这些生活在土壤中的动物被我们形象地称为分解者，它们可以制造腐殖质。被它们吃死的植物，最终留在了土里。

动物使土壤更适合植物生长。例如，蜗牛、蛇和兔子可以钻到土里，把土弄松。

这些动物挖洞，让空气和水能够到达干渴植物的根部。

我们用泥土做什么？

人们用泥土可以做很多事。例如，农民用它来种庄稼。

工程师们用它来修建房屋公路和水坝。

我们如何保护泥土？

种树！树的根部会把土壤连在一起。没有树，土壤很容易就会被雨水冲走或被大风吹走。此外，树叶有助于保护土壤免受雨水的侵袭。

不要乱丢垃圾！垃圾会伤害土壤、植物和动物。保持土壤健康对所有生物都有好处。

泥土能维持生命。没有泥土，植物就不能生长。没有植物，动物就不能存活。而没有了植物和动物，人们将没有食物和氧气。

你可以把泥土堆起来，然后踩下去，并在里面种上花，你会感受到你脚下的世界是多么神奇！

挖土！

我们周围到处都是土。它在花园和公园里，他在人行道和房屋下面。任何地方的土壤都不完全一样。你住的地方的土是什么样的?

铁铲
白纸板

- 让一个成年人帮你挖一锹土。确保你挖得很深，而不仅仅是表层土；
- 把土放在纸盘上，摊开；
- 寻找树叶、树枝、虫子、蠕虫和岩石，列出你发现的所有东西；
- 在你挖土的地方倒些水。地面上的水坑能保持很长时间吗？水马上就侵入土中了吗？这说明了什么?

极简科学系列

光

[美] 艾米丽·杰姆斯 著
秦笑妍 译

黑龙江科学技术出版社

黑版贸审字：08-2019-114
图书在版编目(CIP)数据

极简科学.6，光／(美)艾米丽·杰姆斯(Emily James)著；秦笑妍译.—哈尔滨：黑龙江科学技术出版社，2019.7
ISBN 978-7-5719-0118-9

Ⅰ.①极… Ⅱ.①艾… ②秦… Ⅲ.①科学知识—普及读物 ②光学—普及读物 Ⅳ.①Z228 ②O43-49

中国版本图书馆CIP数据核字(2019)第095216号

光
GUANG
[美]艾米丽·杰姆斯 著 秦笑妍 译

项目总监 薛方闻
项目策划 孙 勃 王 哲
责任编辑 马远洋
封面设计 林 子
出 版 黑龙江科学技术出版社
地址：哈尔滨市南岗区公安街70-2号 邮编：150007
电话：(0451)53642106 传真：(0451)53642143
网址：www.lkcbs.cn
发 行 全国新华书店
印 刷 雅迪云印(天津)科技有限公司
开 本 230 mm×260 mm 1/12
印 张 $2\frac{1}{3}$
字 数 2千字
版 次 2019年7月第1版
印 次 2019年7月第1次印刷
书 号 ISBN 978-7-5719-0118-9
定 价 174.00元(全六册)

目 录

美妙的光

晴天时，你的影子“伴”你玩耍；远处看水面闪闪发光；暴风雨结束后会出现彩虹，可以说这些都体现着光的美妙。

不管你看向何处，光都在闪烁着，不仅如此，它
还能以奇妙的形状和多彩的颜色呈现在你面前。

光能让你看见物体。光线越强，你能看到的物体越清晰。没有了光，你什么都看不见。

当光从一个物体的表面反射进你的眼睛里时，你就看见这个物体了。想象一下，你是不是曾经在黑暗的房间里看到了一些物体的影子和形状呢？如果是这样的话，那说明有一点光“溜”进来了！

光是从哪来的？

光的来源多种多样，它来自各种形式的能量释放过程。在多云的天气我们仍然可以看到一些物体，这说明太阳光是多么明亮啊！此外，闪电和萤火虫等也可以自然地发光。

在晚上我们也可以看到自己“制造”的光，例如，我们可以打开灯，可以生起火。

影子是怎么形成的？

你看到过电影院里一束束光从电影放映机中发射出来吗？你看到过手电筒发出的光束吗？这些都是光束！

当一个不透明的物体挡住光线，一个对应的黑色区域就形成了。这个黑色区域就是影子。影子就出现在挡住光线的物体背后。

你的身体是一个不透明的物体。太阳可以照在你身上，但是不能穿透你。在晴天，是你的身体挡住了阳光的“行进”路线，从而形成了影子。

迎着太阳走，你的影子在你身后；背向太阳走，你的影子在你身前。

都是因为反射

所有你能看见的物体都反射光线，包括树、汽车和人等。如果被反射的光没有进入你的眼睛，那你什么也看不见。这其中，有一些物体较其他物体相比，可以反射更多的光。

当光照在光滑明亮的物体上时，大部分光线都会被反射出去。看看镜子里——光线从你身上反射到镜子上，又被镜子反射回来。这样，你所看到的就是你自己的镜像。

镜像不只存在于镜子中，它在你家里随处可见。

看看勺子或者银色的烤面包机，或是黑色的电视机屏幕，你能看见你自己吗？这些镜像和镜子里的有什么不同呢？

月亮本身不发光，它所被我们看到的光亮实
际上是它本身被太阳照亮后反射出的光。

在晚上，这种反射的光能照亮你的路，把树染成银色，让建筑物闪闪发光。

彩虹是怎么形成的？

一束阳光由很多种颜色组成，就像很多“线”织成的身体。每根“线”都有自己的颜色：红色、橙色、黄色、绿色、蓝色、紫色等。

暴风雨后，空气中充满小水珠。光线穿过它们就发生了弯曲，其中的各种颜色由此散开，彩虹就形成了。

你甚至也能在许多生活场景中看到彩虹。
近距离去看肥皂泡，看到彩虹了吗?

从花园水管喷出的水雾中你也能找到彩虹。
此外，在闪光的钻石中，你也可以看到彩虹。

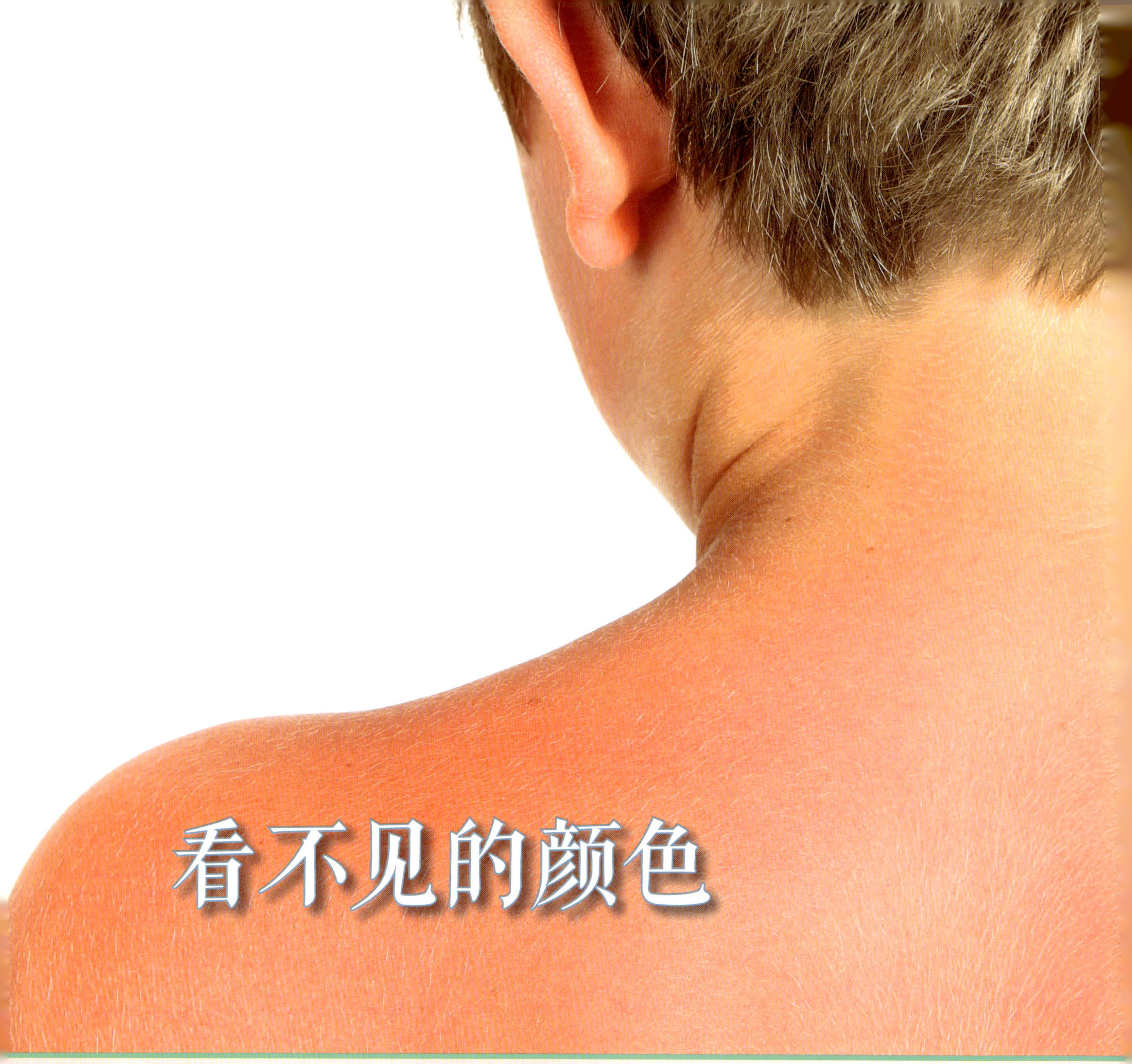

看不见的颜色

彩虹中有些颜色是人类不能用肉眼看到的，例如，红外线和紫外线。红外线能让我们感觉到热，所有本身释放热能的物体都会发射红外线。

太阳、发热的人行道甚至你的身体都会发射红外线。此外，太阳也发射紫外线，只是这种光可以晒伤我们的皮肤。好疼！

光是怎么被利用的?

光是我们生活中很重要的一部分。我们需要靠它去生产、学习或者玩耍。没有光，植物无法生长，而没有了植物，也就没有了光合作用所产生的氧气，我们就无法呼吸，无法生存！

光在我们周围闪烁、旋转、跳动。

看呀！多美妙！有这么多多彩的事物等待着

我们去探索！

做一道彩虹！

彩虹真美妙！它们充满各种颜色，看起来好像是凭空出现的。来尝试一下这个有趣的游戏，看看你能不能做一道属于你自己的彩虹！

你需要的：

一只碗

水

一面小镜子

白纸

你要做的：

- 在碗中装满水，把它放到一个有阳光的地方；
- 在碗里放一面小镜子，镜面朝向阳光。注意不要看镜子里的太阳；
- 把镜子靠在碗的一边，让镜子直立起来（如果它立不稳，用你的手扶着它）；
- 让你的朋友在镜子对面的碗边举一张白纸；
- 你在纸上看到什么？它怎么到了那里？试着让镜子倾斜一点。发生什么了？

极简科学系列

磁铁

[美] 艾米丽·杰姆斯 著
秦笑妍 译

黑龙江科学技术出版社

黑版贸审字：08-2019-114
图书在版编目(CIP)数据

极简科学.1，磁铁／（美）艾米丽·杰姆斯（Emily James）著；秦笑妍译.—哈尔滨：黑龙江科学技术出版社，2019.7
ISBN 978-7-5719-0118-9

Ⅰ.①极… Ⅱ.①艾… ②秦… Ⅲ.①科学知识—普及读物 ②磁铁—普及读物 Ⅳ.①Z228 ②O441.3-49

中国版本图书馆 CIP 数据核字(2019)第 095208 号

磁铁
CITIE
[美]艾米丽·杰姆斯 著 秦笑妍 译

项目总监 薛方闻
项目策划 孙 勃 王 哲
责任编辑 马远洋
封面设计 林 子
出 版 黑龙江科学技术出版社
地址：哈尔滨市南岗区公安街 70-2 号 邮编：150007
电话：(0451)53642106 传真：(0451)53642143
网址：www.lkcbs.cn
发 行 全国新华书店
印 刷 雅迪云印(天津)科技有限公司
开 本 230 mm×260 mm 1/12
印 张 $2\frac{1}{3}$
字 数 2 千字
版 次 2019 年 7 月第 1 版
印 次 2019 年 7 月第 1 次印刷
书 号 ISBN 978-7-5719-0118-9
定 价 174.00 元（全六册）

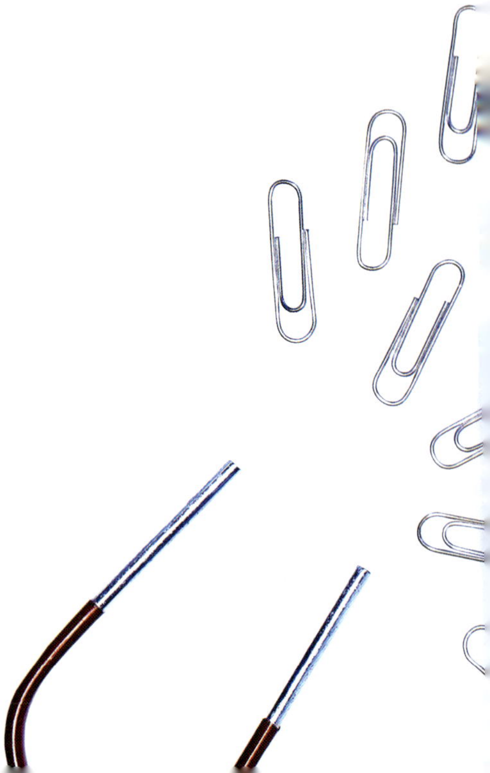

目 录

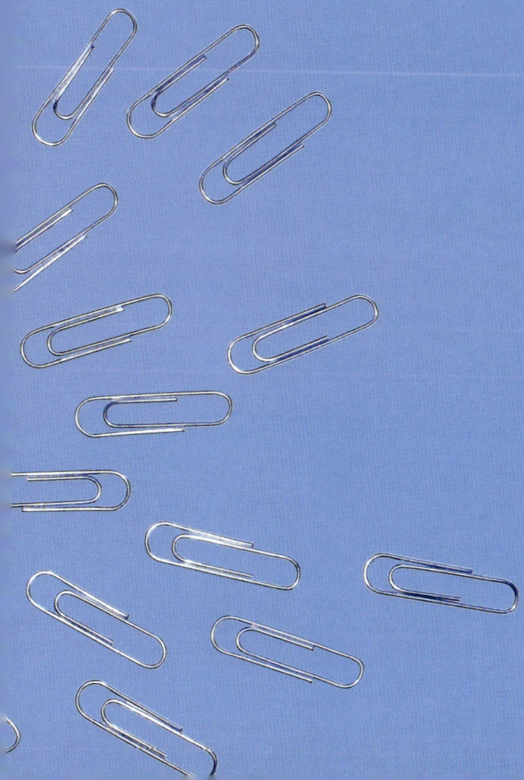

神奇的磁铁

磁铁可以在不接触物体表面的前提下，使其移动！当绳子拉动物体时，你会看到绳子对物体的牵引，而磁铁却不需要这样。

你看不到磁铁的力量。磁铁看起来就像拥有移动物体的魔力一样。

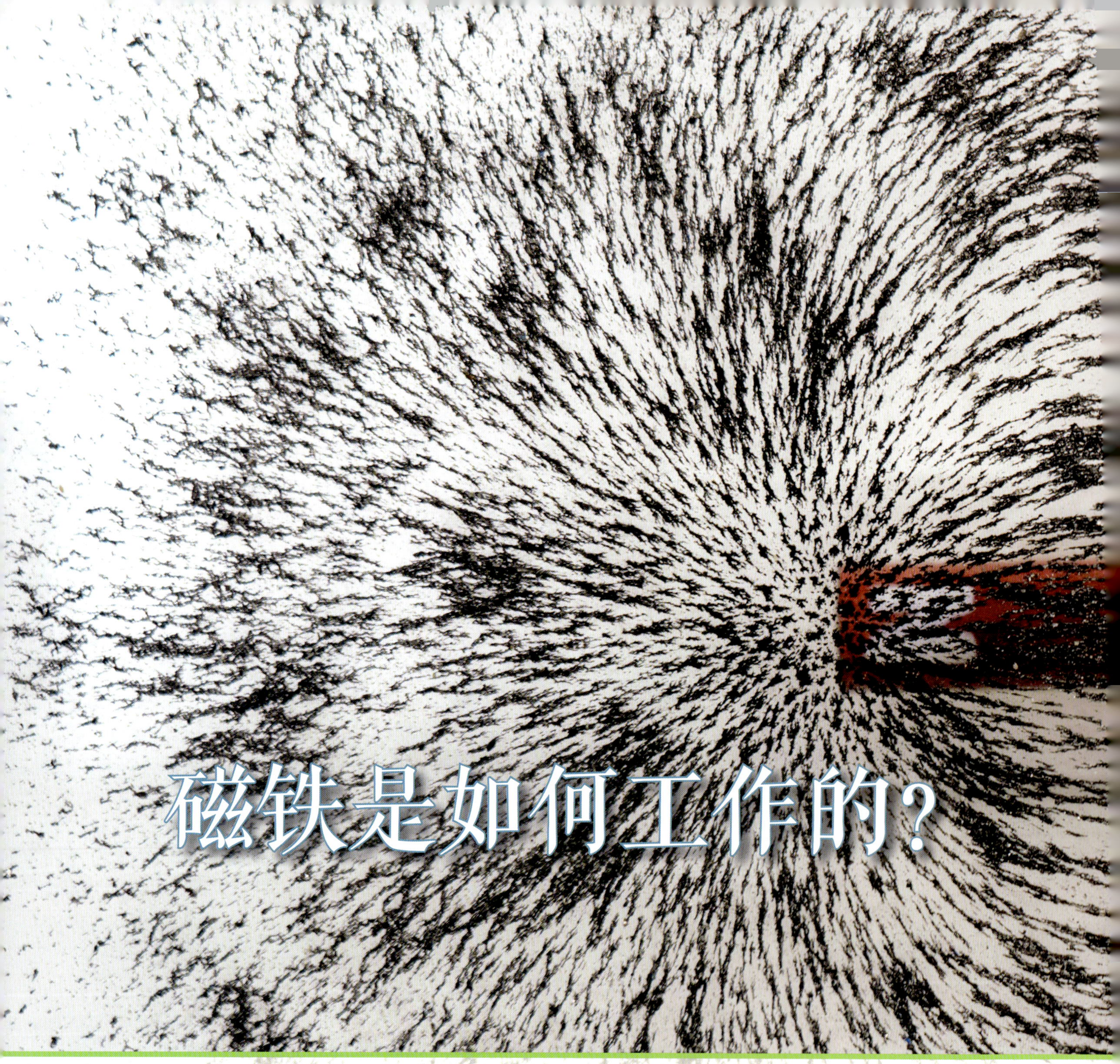

磁铁是如何工作的?

磁铁周围有一个看不见的区域被称为磁场。磁铁只能在这个区域内凭借磁力拉动物体。

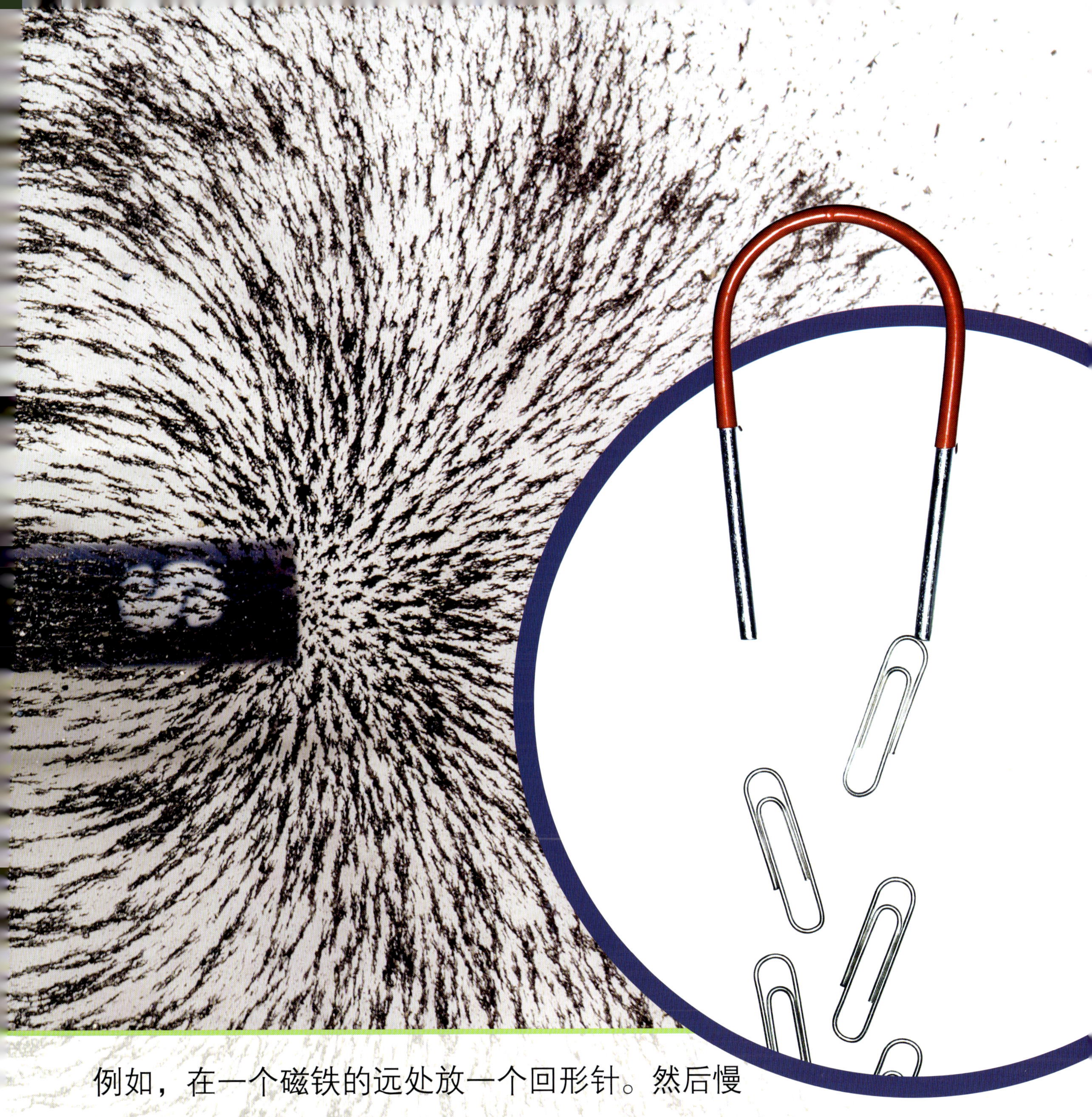

例如，在一个磁铁的远处放一个回形针。然后慢慢移动这个回形针并向磁铁靠近。你会发现，在移动的过程中，回形针会突然快速地靠近磁铁。这是因为回形针已经进入了磁铁的磁场。

不是所有的物体磁铁都能使其移动。它们只能使特殊的金属移动。

钢、铁类物体可以很简单地被磁铁移动，铜和镍则不行，当然，棉花、橡胶、塑料类物体也不行。

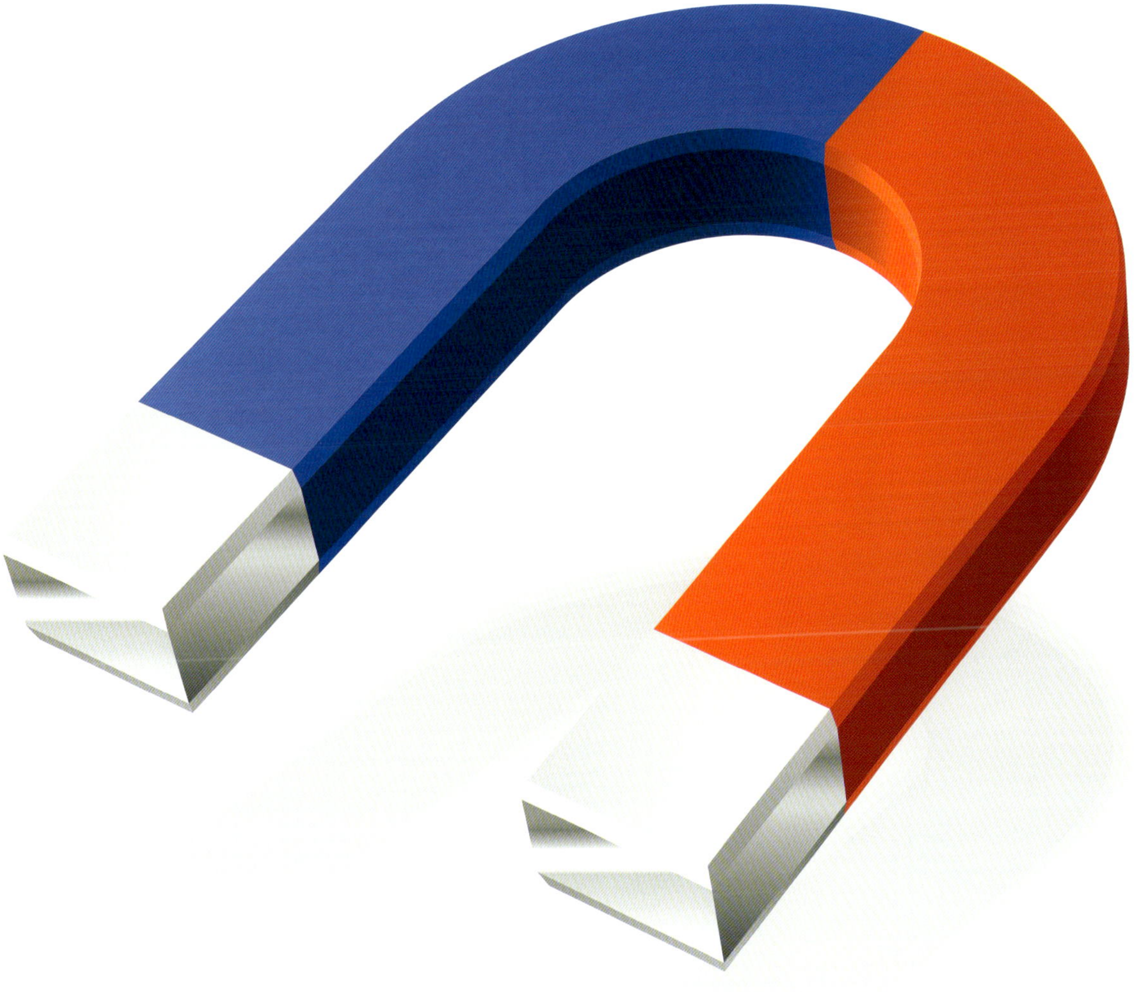

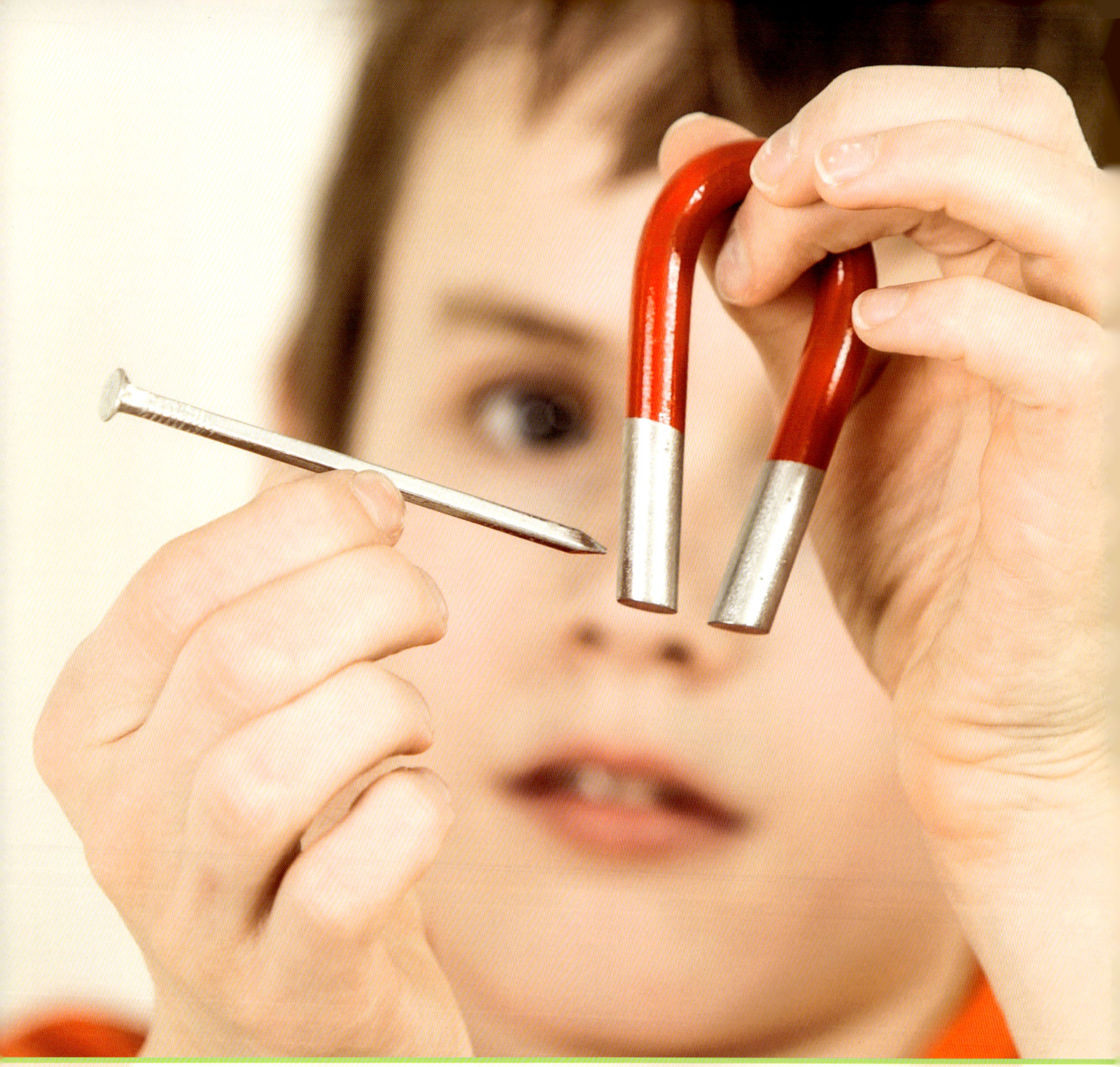

磁铁可以使一些金属物体本身变成磁性物质。例如，把铁钉挂在磁铁的一端，然后将回形针贴在钉子上。你会看到什么现象？

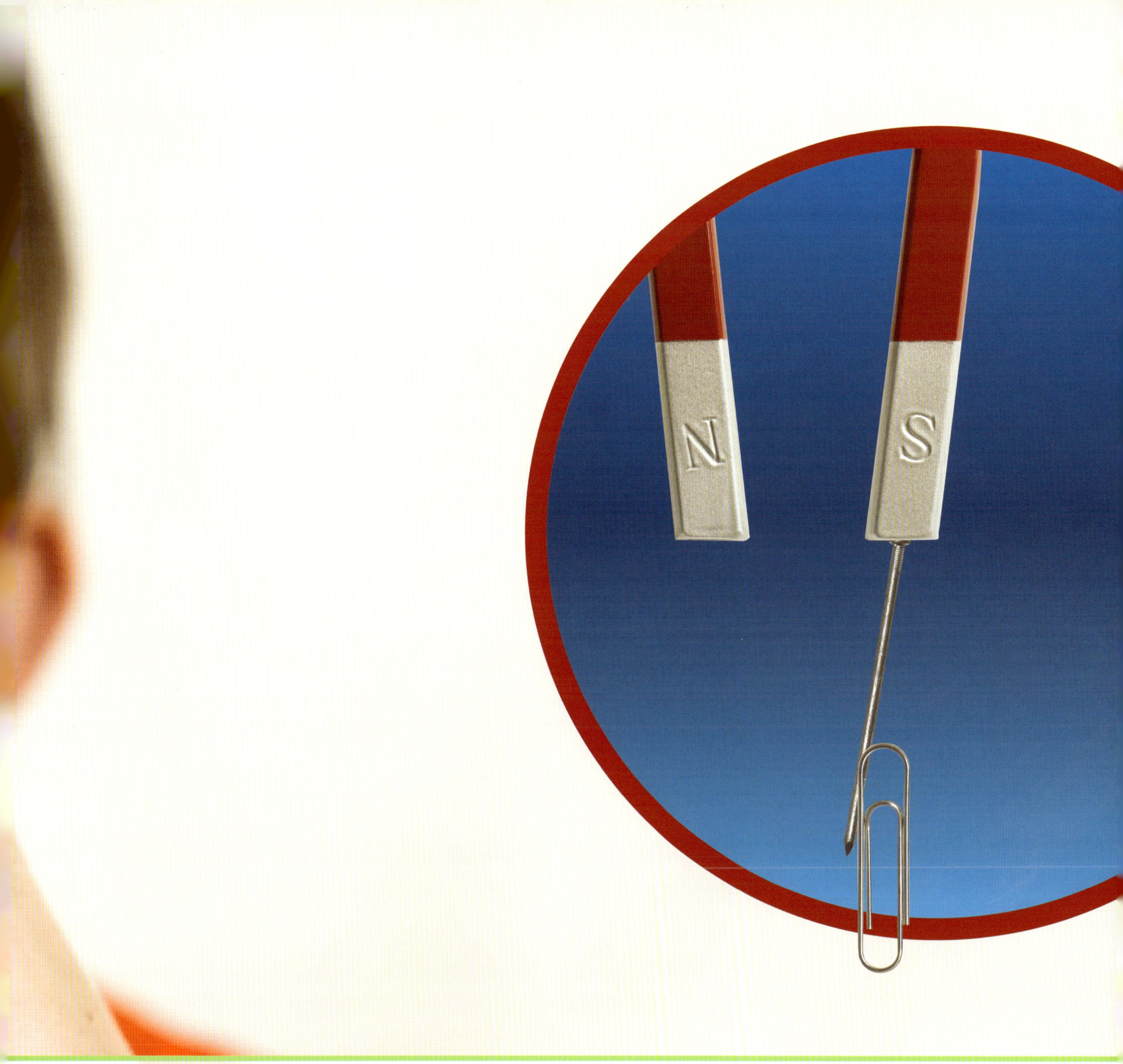

对！回形针被吸到钉子上了！钉子变成了磁铁。现在如果我们把钉子从磁铁上拔下来，那回形针还能被吸到钉子上吗?

北极和南极

大多数磁铁看起来是条形或马蹄形。它的力量在两端是最强的。

磁铁的两端中，有一端被称为北极，另一
端则是南极。

相同的极性相互推挤，它们相斥。例如，一块磁铁的北极会排斥另一块磁铁的北极。

相反的极点则互相拉近，它们相吸。例如，
一块磁铁的北极会吸引另一块磁铁的南极。

地球是一块磁铁

地球就是一块大磁铁。很大的一块！就像其他的磁铁一样，它也有两极。地球磁极的位置与我们手中磁铁块中南、北极的位置并不完全相同。

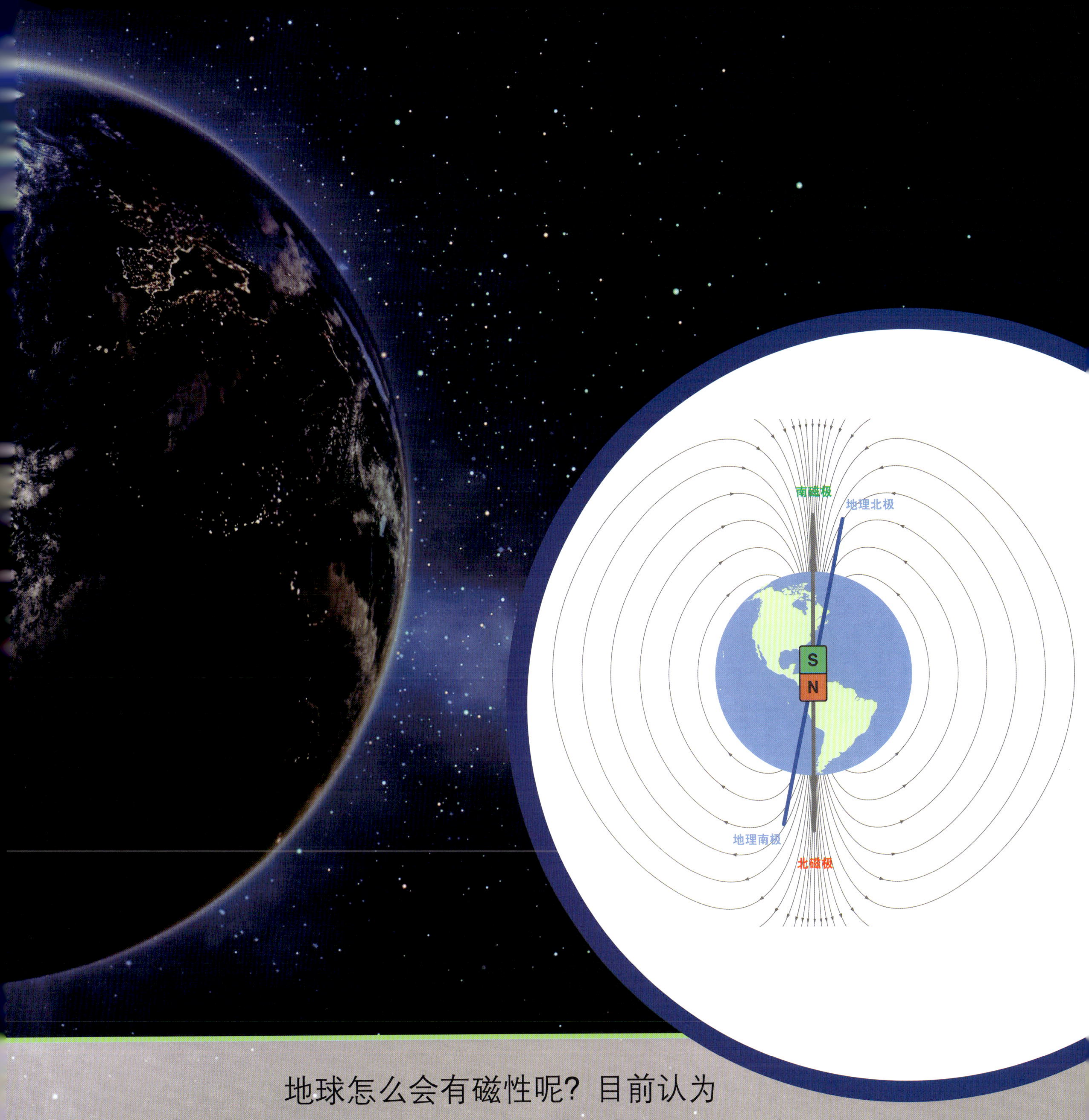

地球怎么会有磁性呢？目前认为是地球内部的液态铁流动引起的。

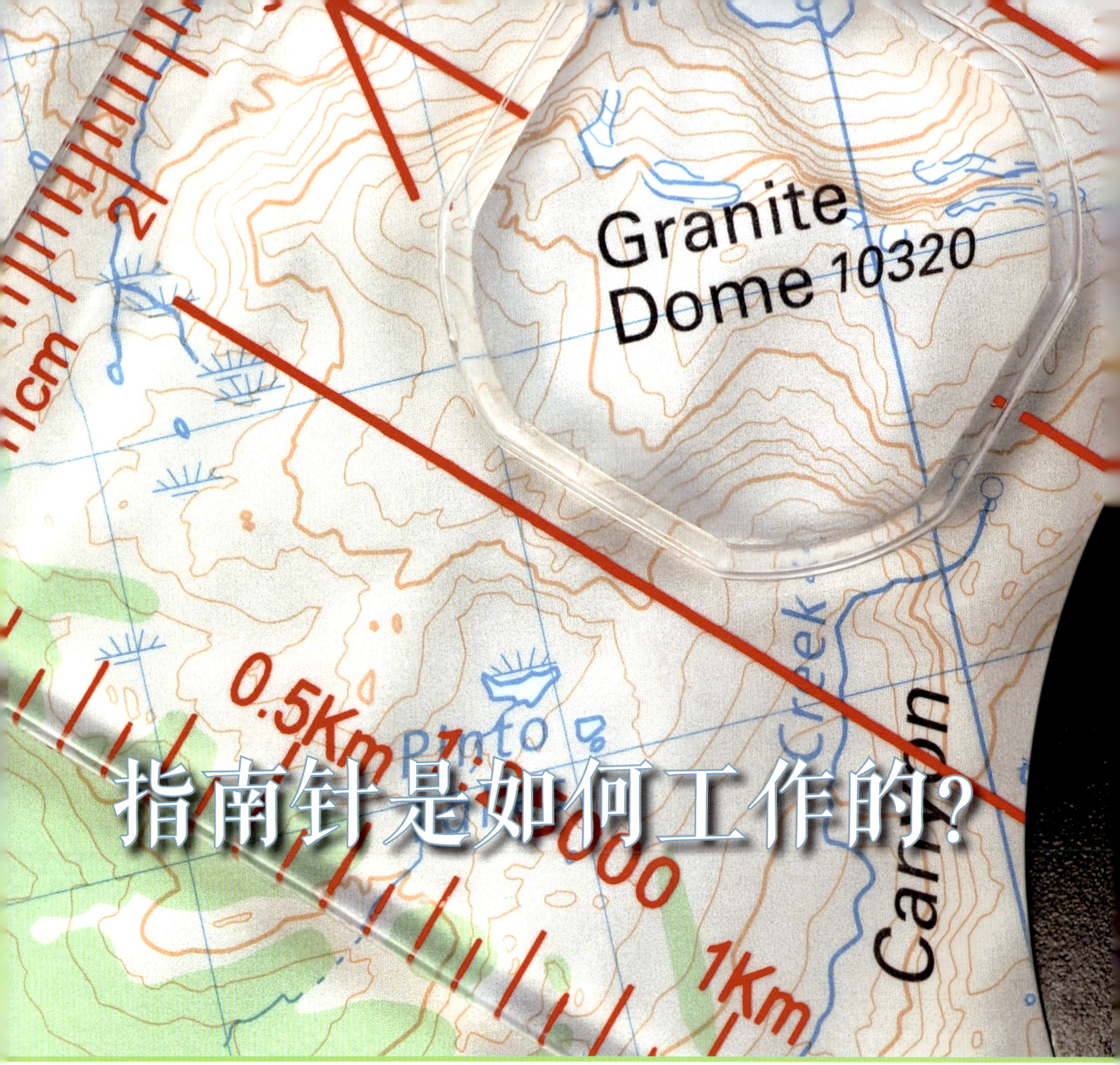

指南针是如何工作的?

指南针中有一个指针。这个指针也是一块磁铁。地球的磁力将磁针拉向北极。所以，在地球上，指南针的指针总是指向北极。

所以，指南针可以帮助我们找到想去往的路。因为它能时刻为人们指示出南北方向。例如，水手们用指南针横渡海洋，飞机驾驶员和徒步旅行者也使用指南针指示方向。

第一个指南针是由磁铁矿石制成的。磁铁矿石是一种黑色的矿物，它是天然磁铁。此外，一块磁铁矿也被称为磁石。

中国早期的指南针使用的就是磁石。它们被制作成勺子的形状，放在一个平板上。勺子的柄总是指向南方。

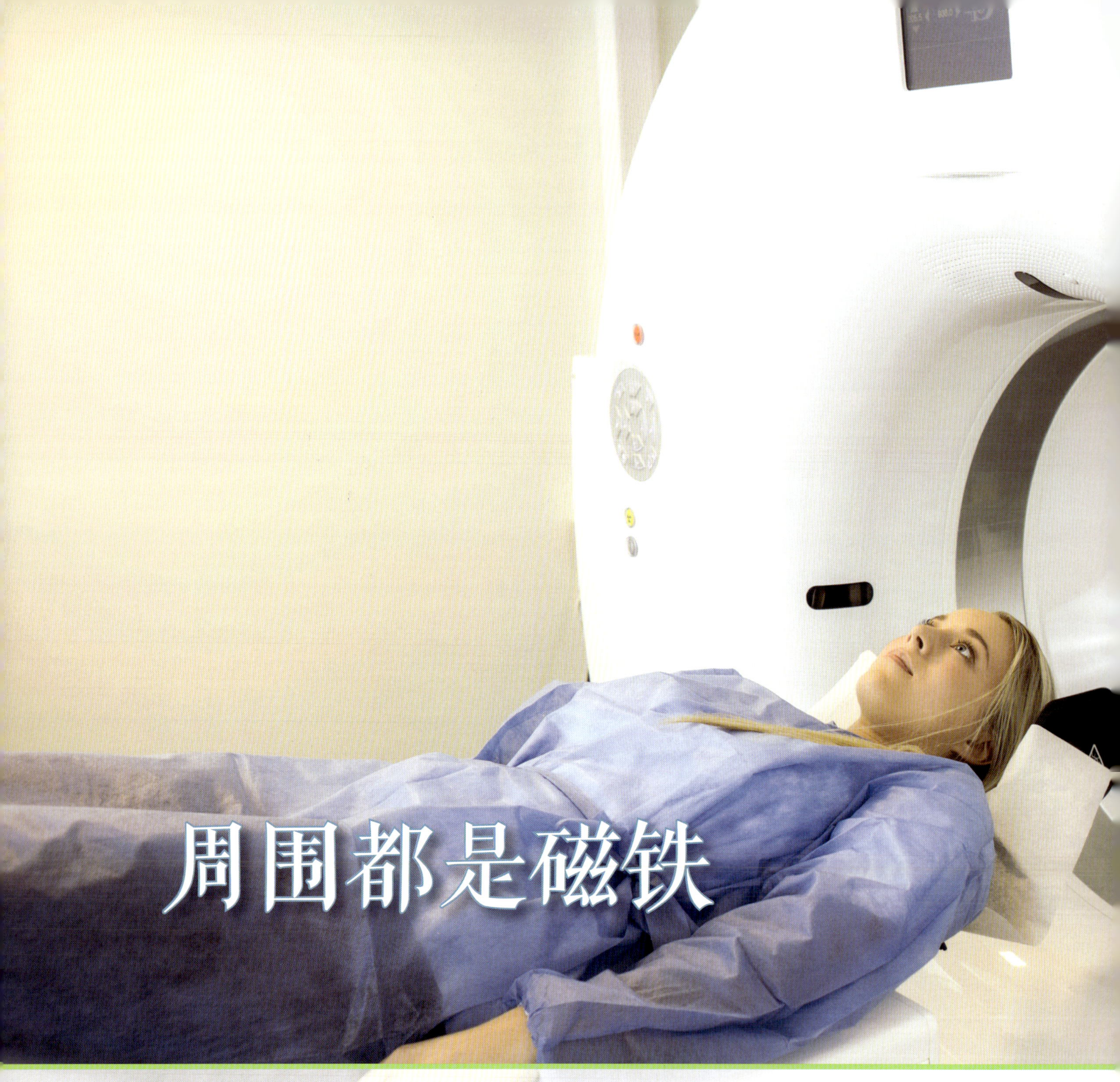

周围都是磁铁

今天我们可以用磁铁做很多事情。医生用磁制仪器观察人们受伤的部位。例如，核磁共振成像仪有一个强大的磁铁，它有助于拍摄人体内部的照片。

磁铁也可以帮助垃圾场的工人搬运成吨的金属。巨大的磁铁就像玩具一样可以移动汽车。

风扇的旋转、冰箱的嗡嗡声、防盗警报声，电视、收音机和电话这些都离不开磁铁。

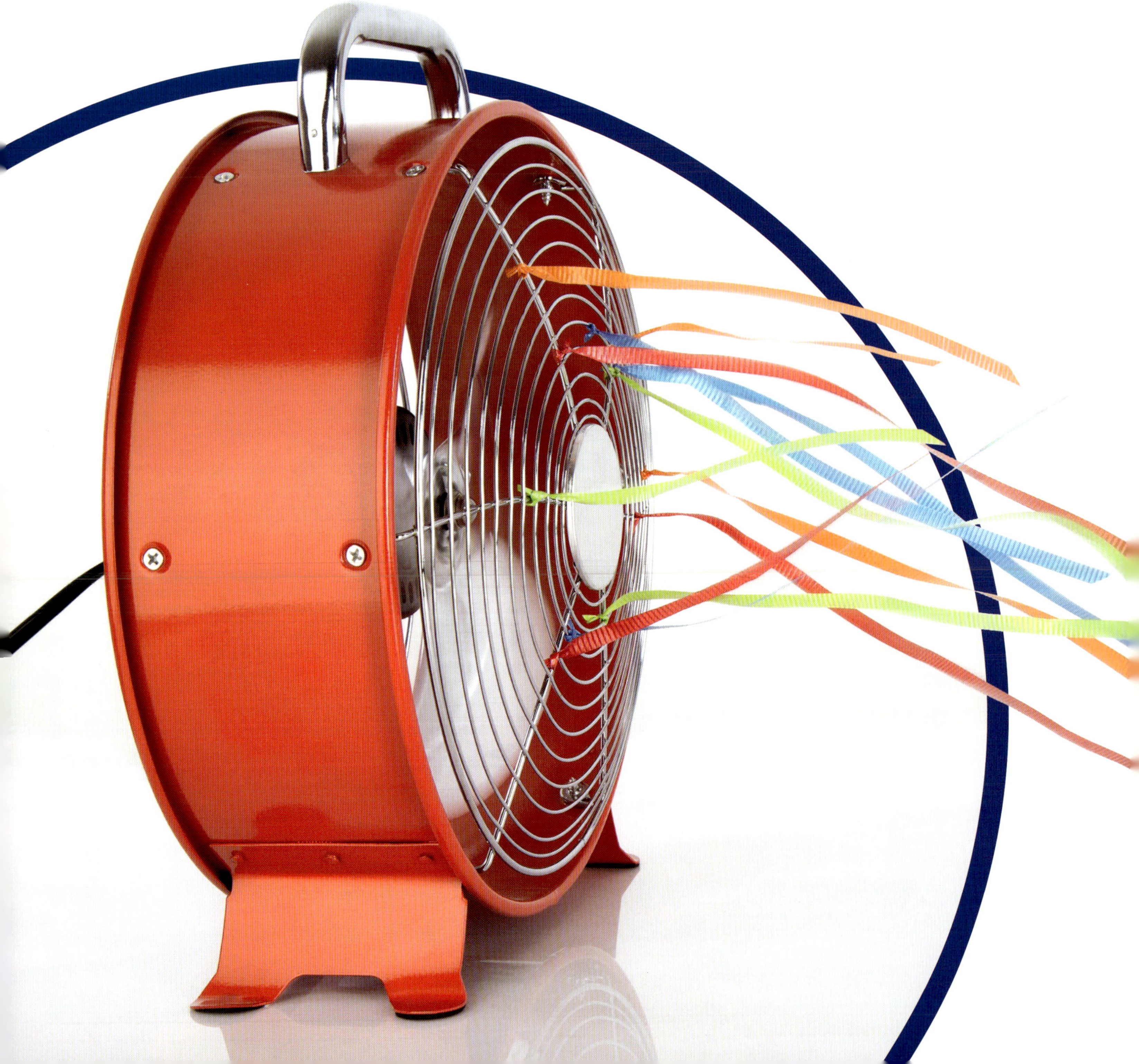

有些时候，磁铁可以帮我们固定信息，例如，信用卡上所用的磁条可以帮助我们实现支付功能。

没有磁铁，这个世界将会大不相同。

磁铁让我们的生活更加简单、安全。它也让我们的生活更加有趣！

用磁铁移动它

磁铁可以移动钢铁制品。这个实验将向你展示磁性是如何通过塑料和水起作用的。

你需要的：

1英寸 × 1英寸（2.5厘米 × 2.5厘米）方形的绿色塑料

一把剪刀

一个订书机

一个大的塑料杯

水

一块磁铁

你要做的：

- 从塑料上剪出乌龟的形状。用订书机把订书钉钉在塑料中间；
- 把塑料杯子装满一半水；
- 轻轻地把塑料乌龟放在水里，让它浮起来；
- 一只手拿着杯子。在塑料杯的外面移动磁铁使塑料乌龟移动；
- 你能使你的塑料乌龟前后移动吗？试着用磁铁让你的塑料乌龟旋转。把磁铁从杯子的边上向下拖，让你的塑料乌龟潜水。把磁铁拽到杯子上，让塑料乌龟爬出水面；
- 还有什么方法可以用磁铁移动你的塑料乌龟呢？如果你的塑料乌龟不移动，用一块更强力的磁铁或少一点水。

极简科学系列

物质

[美] 艾米丽·杰姆斯　著
秦笑妍　译

黑龙江科学技术出版社

黑版贸审字：08-2019-114

图书在版编目(CIP)数据

极简科学．4，物质／（美）艾米丽·杰姆斯（Emily James）著；秦笑妍译．—哈尔滨：黑龙江科学技术出版社，2019．7

ISBN 978-7-5719-0118-9

Ⅰ．①极… Ⅱ．①艾… ②秦… Ⅲ．①科学知识—普及读物 ②物质—普及读物 Ⅳ．①Z228 ②O4-49

中国版本图书馆 CIP 数据核字(2019)第 095214 号

物质

WUZHI

[美]艾米丽·杰姆斯 著 秦笑妍 译

项目总监 薛方闻
项目策划 孙 勃 王 哲
责任编辑 马远洋
封面设计 林 子
出　　版 黑龙江科学技术出版社
地址：哈尔滨市南岗区公安街 70-2 号 邮编：150007
电话：(0451)53642106 传真：(0451)53642143
网址：www.lkcbs.cn
发　　行 全国新华书店
印　　刷 雅迪云印(天津)科技有限公司
开　　本 230 mm×260 mm 1/12
印　　张 $2\frac{1}{3}$
字　　数 2 千字
版　　次 2019 年 7 月第 1 版
印　　次 2019 年 7 月第 1 次印刷
书　　号 ISBN 978-7-5719-0118-9
定　　价 174.00 元（全六册）

目　录

物质到底是什么?

什么是物质? 它可以是鸟，也可以是飞机! 物质就在你的身边。如果你可以看到它、摸到它、闻到它，那么它就属于物质。

你的玩具、床和房子都是物质。
星星也是！物质是人们对占据一定空间并且拥有相应质量的任何事物的称呼。

空气也是物质。你看不到空气的样子，但它却占据空间。想象一下吹气球，你吹进的空气就占据了空间。它让气球越来越大！

有一些东西含有的物质比其他东西多。例如，一辆汽车含有的物质比一辆自行车多，它要更大、更重。

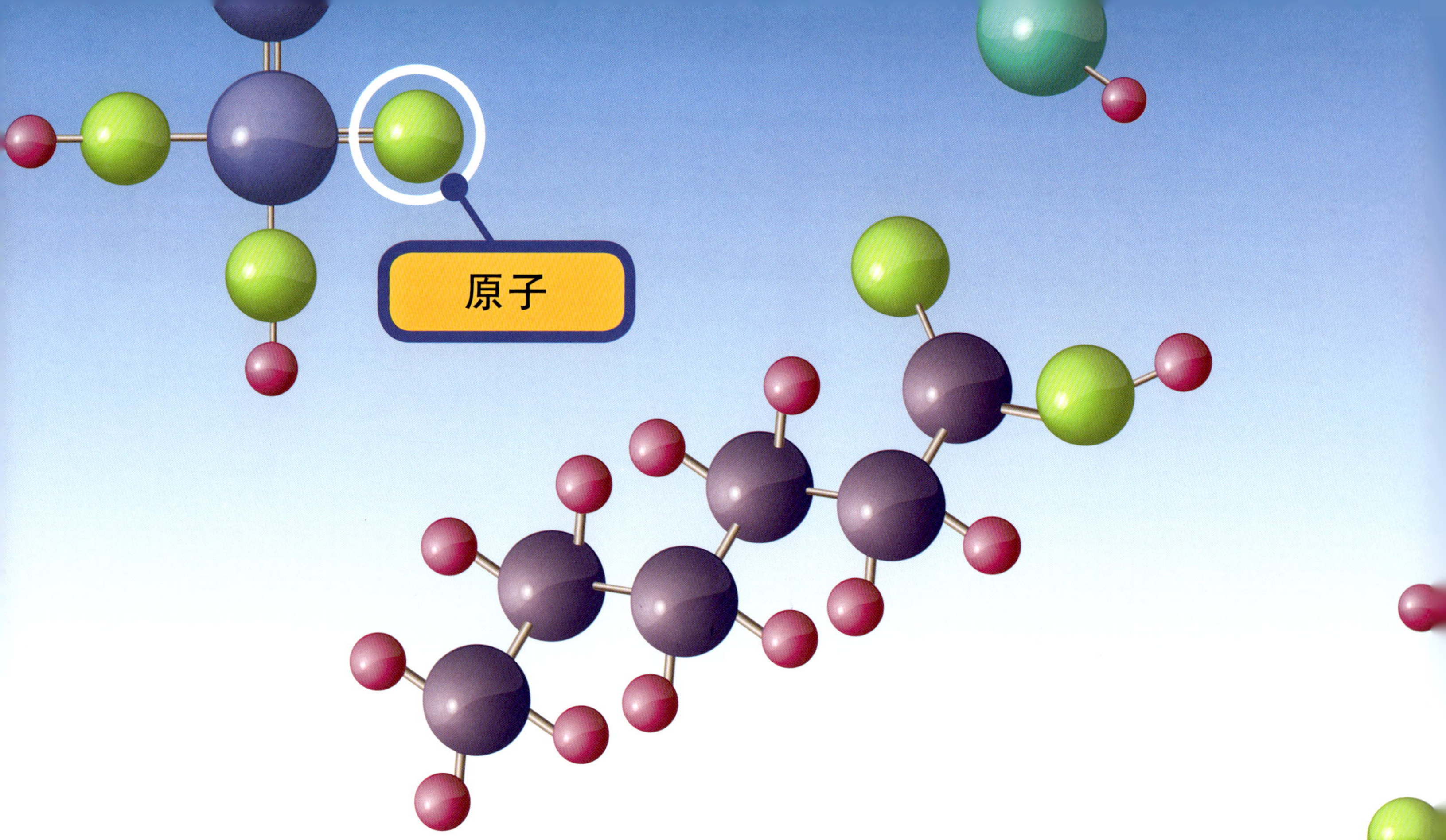

物质是由什么构成的？

物质是由叫做原子的微粒构成的。它们太小了，小到我们经肉眼无法观测到。原子就像砖块一样，当它们聚集在一起时就组成了分子。

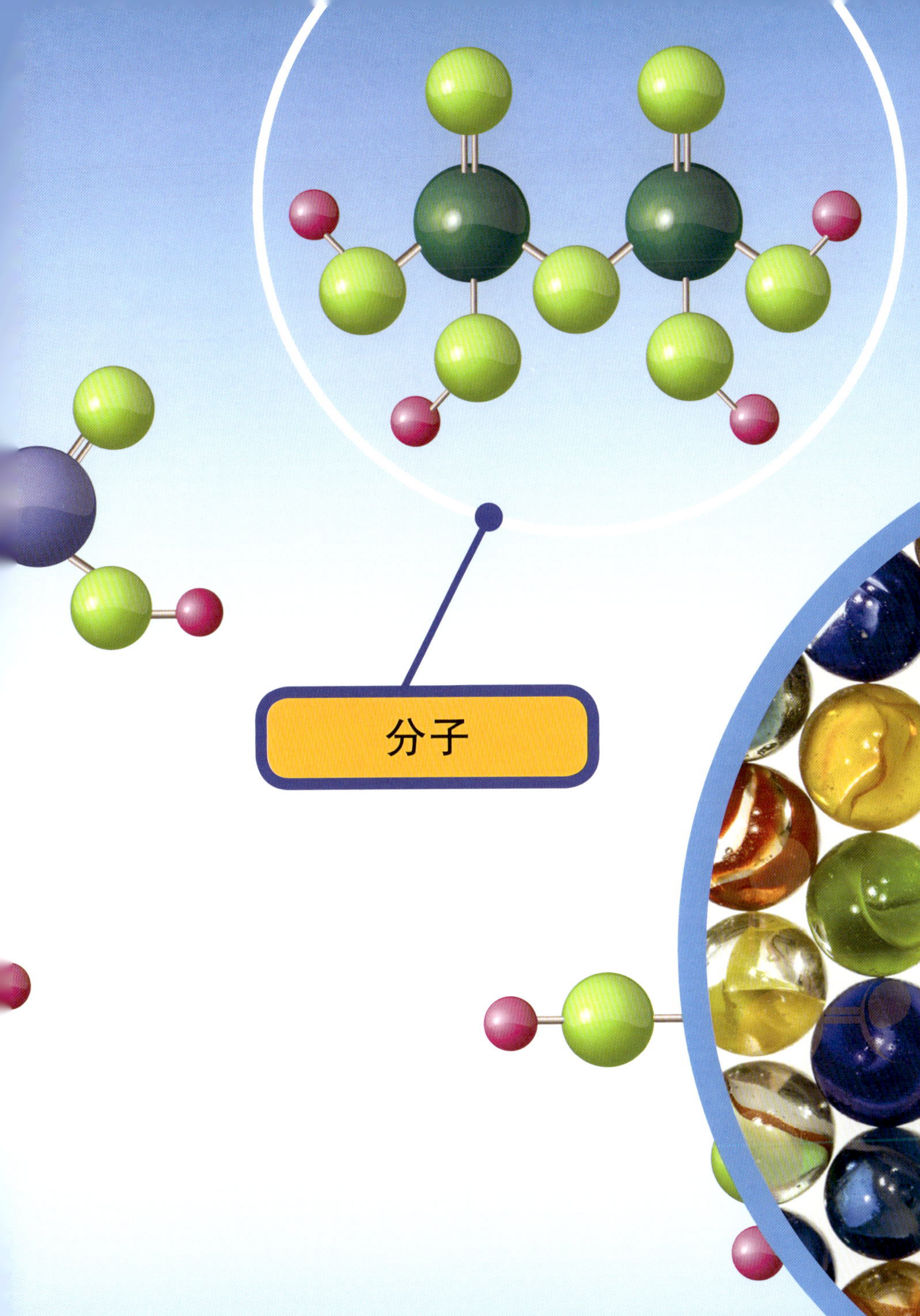

世界上的一切物质都是由原子和分子构成的。你无法想象：数十亿个原子和分子才组成一颗玻璃弹珠。

物质的形态

物质有三种主要存在形式，或者说形态，它们分别是固体（固态）、液体（液态）和气体（气态）。

每种形态有不同属性，这些属性被人们用来描述物质。颜色、气味和触感都是物质的属性。

固体是有形状的，你可以触碰甚至握住它。固体有弹性和延展性。他们或硬或软或黏。

你可以改变固体的形状。例如，你可以折断一支铅笔，折弯一只回形针，还可以捏泥巴。

液体没有形状。你可以倒掉它，让它飞溅，
让它溢出。

液体的形状随着盛装其容器形状的不同而改变。例如，果汁可以变成它所在瓶子的形状。如果你洒出果汁，它就会变成一小摊。

气体没有形状。你不能握住它。气体可以飘散至任何地方。当它被放入容器中时，就会逐渐充满整个空间。

你周围的空气是气体。大部分气体我们是看不到的，但有时你可以感觉到它们。你受到的风其实就是空气分子在流动。

关于分子的更多内容

分子在不断运动。气体、液体和固体分子以不同的形式运动。

气体分子是分散分布的。它们运动得非常快！它们从不同的方向飞来，占满整个空间。

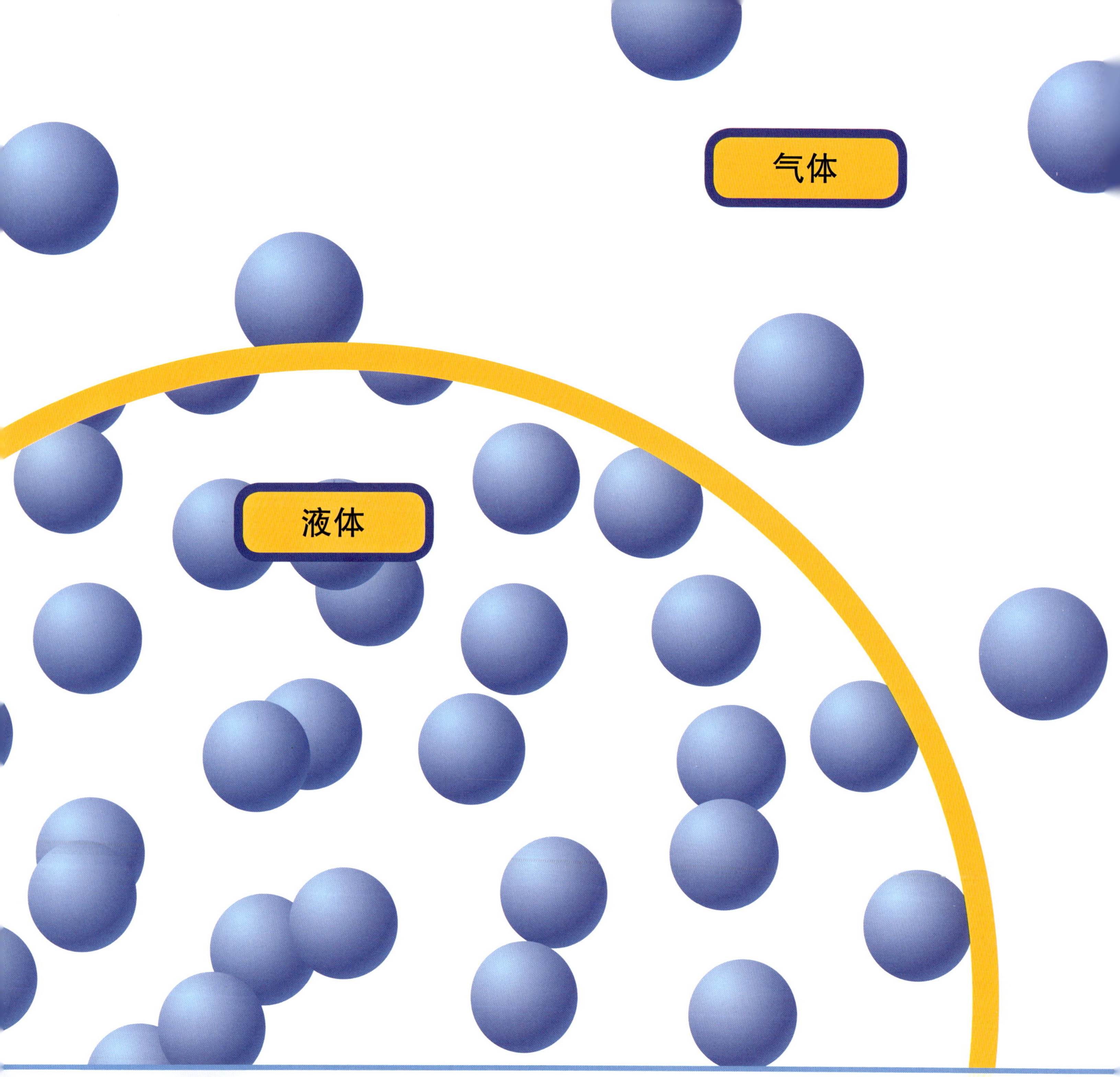

较气体分子而言，液体分子之间的间隔更为紧密。它们也经常运动，但是它们运动得较慢。它们互相碰到就黏在一起。这种运动让液体流动。

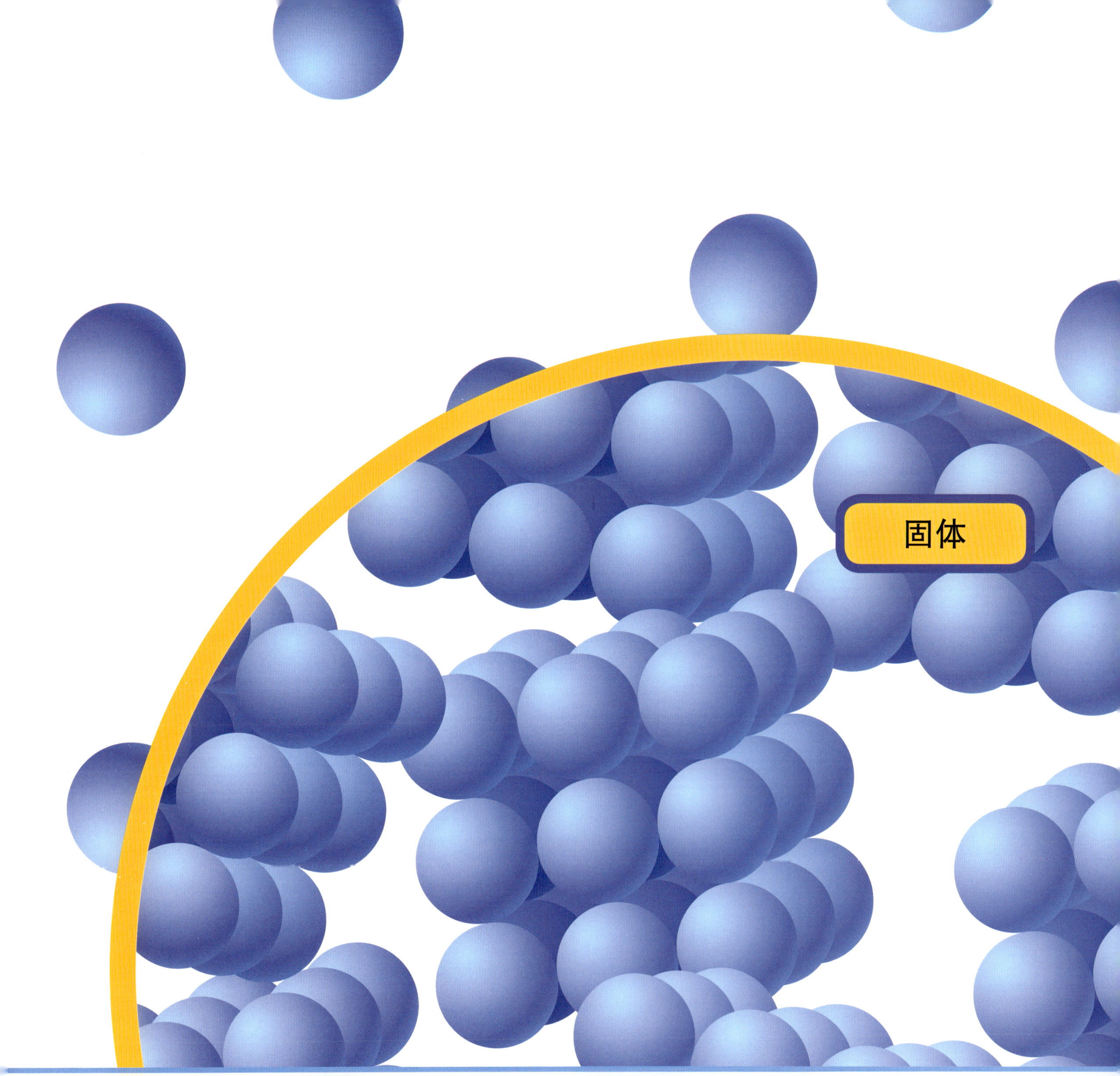

固体分子紧密地排列在一起。它们运动得并不快，运动范围也不远。固体分子不会越过彼此。

形态的改变

有些物质可以从固态变成液态。这个变化过程叫做融化。例如，冰淇淋在炎热天气的室外会融化。它会由固体逐渐变成液体。

液体也可以变成固体。例如，水冻结就变成了冰。

有些液体也可以变成气体，当液体很热的时候会发生这种变化。例如，水由液体变成气体的过程叫做蒸发。当水被烧开时，蒸汽会从烧水壶中喷出来。

气体遇冷的时候会变成液体。例如，当你把一锅热汤的盖子揭开，盖子里面会覆盖着水。这是为什么呢？这是因为水蒸气冷却又变回了液态水。

物质无处不在

看看你的周围，你能看到什么？深呼吸，你又闻到了什么？

你的脚下踩着什么?
物质！是不是很奇妙?

吹气球！

气体会充满它所在的空间。尝试这个实验，看看膨胀的气体是怎样让气球胀大的。

一个漏斗

3茶匙（约15克）小苏打

一个气球

2汤匙（约30毫升）白醋

一个塑料水瓶

- 使用漏斗将小苏打倒入气球，放在旁边；
- 在塑料瓶子中倒入白醋；
- 捏住气球颈部将气球倒置，把气球口拉伸套至瓶子顶部（不要让小苏打掉入瓶子中）；
- 当气球套在瓶子顶部后，松开气球颈部。摇晃气球，让所有小苏打都进入瓶子里，看看气球会发生什么变化；
- 小苏打和醋混合后会发生化学反应，释放出气体。气体中的分子会扩张，并充满整个气球。

极简科学系列

岩石

[美] 艾米丽·杰姆斯 著
秦笑妍 译

黑龙江科学技术出版社

黑版贸审字：08-2019-114

图书在版编目(CIP)数据

极简科学 . 5, 岩石 / (美) 艾米丽 · 杰姆斯
(Emily James) 著; 秦笑妍译 . —哈尔滨: 黑龙江科
学技术出版社, 2019. 7

ISBN 978-7-5719-0118-9

Ⅰ. ①极… Ⅱ. ①艾… ②秦… Ⅲ. ①科学知识—普
及读物 ②岩石—普及读物 Ⅳ. ①Z228 ②P583-49

中国版本图书馆 CIP 数据核字(2019)第 095215 号

岩石
YANSHI
[美]艾米丽 · 杰姆斯 著 秦笑妍 译

项目总监 薛方闻
项目策划 孙 勃 王 哲
责任编辑 马远洋
封面设计 林 子
出 版 黑龙江科学技术出版社
地址:哈尔滨市南岗区公安街 70-2 号 邮编:150007
电话:(0451)53642106 传真:(0451)53642143
网址:www. lkcbs. cn
发 行 全国新华书店
印 刷 雅迪云印(天津)科技有限公司
开 本 230 mm×260 mm 1/12
印 张 $2\frac{1}{3}$
字 数 2 千字
版 次 2019 年 7 月第 1 版
印 次 2019 年 7 月第 1 次印刷
书 号 ISBN 978-7-5719-0118-9
定 价 174. 00 元 (全六册)

目　录

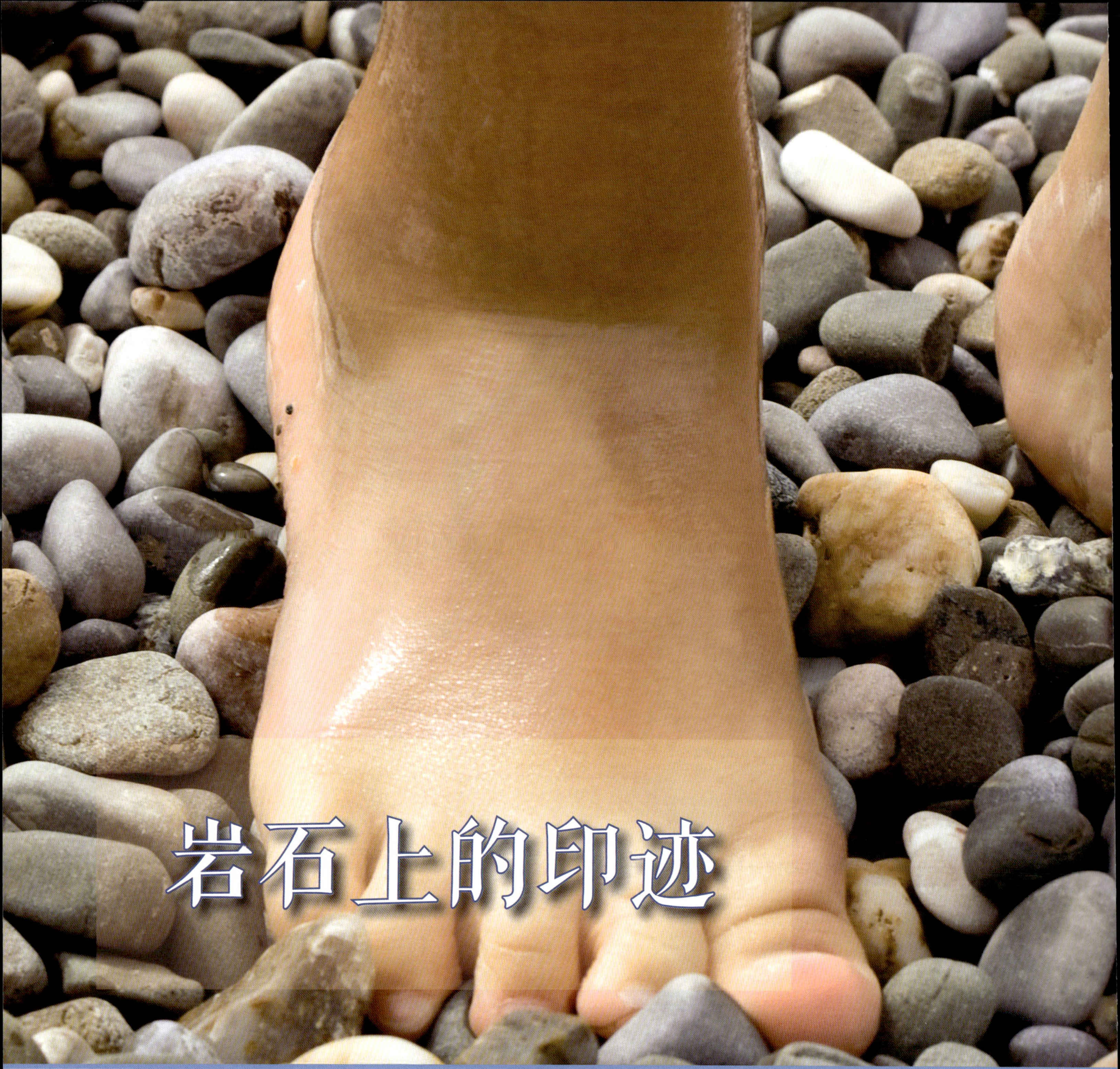

岩石上的印迹

在人行道、沙滩上或者河流中，你捡起一块岩石，是不是感觉到它既明亮又光滑呢？是不是觉得它被包裹在松软的沙子中呢？

岩石在世界上各个地方都可以找到，有些岩石甚至存在了40亿年之久，想象一下它们能“讲述”的故事吧！

地球的表面覆盖着一层很厚的岩石，这就是岩石被称为地壳，它一直在不断变化。

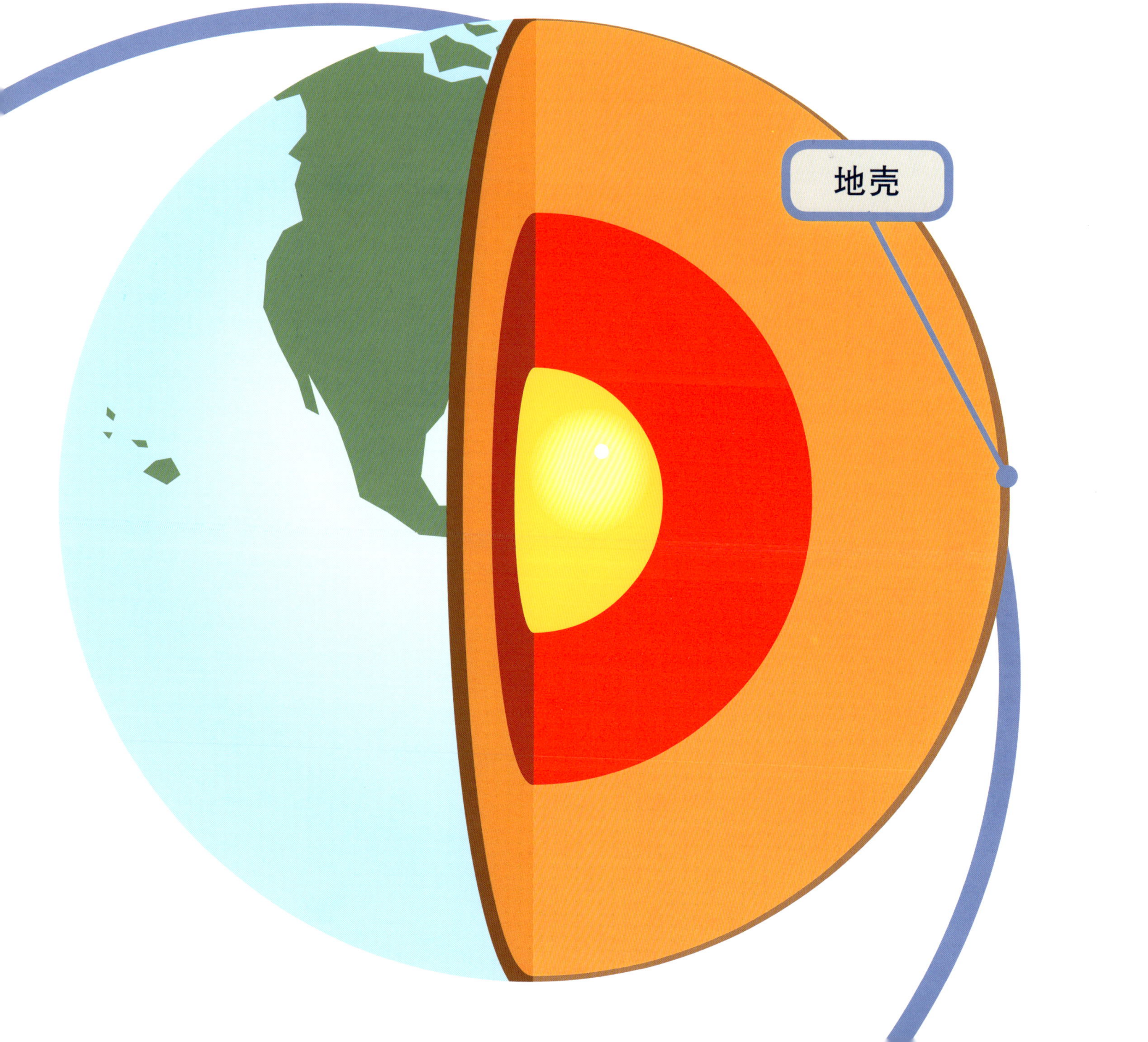

风、雨、雪和冰都会侵蚀岩石，它们被磨损后，风和河流会带着它们离开“故土”，这个过程被称为侵蚀，侵蚀所造成的后果就是土地的形状的改变。

岩石是由什么构成的？

岩石是由矿物质构成的，矿物质赋予了它们不同的形状和质地。有些矿物质是绿色的，有些是白色的，有些色泽光亮，有些黯淡无光。

地球上有许多不同的矿物质存在，因此，总体上岩石可以分为三类：火成岩、沉积岩和变质岩。

火成岩

火成岩又称岩浆岩，是由火山所喷出的高温岩浆经自然冷却后构成的。岩浆是地球深处融化的岩石，当岩浆向上冲出地壳时，就被称为熔岩。

当岩浆或熔岩冷却变硬，就变成了火成岩。这类岩石形成于地表或地下。

黑曜石是一种典型的由熔岩形成的火成岩。
它在地表自然冷却，看起来像黑色玻璃。

钻石的形成源于岩浆。花岗岩和石英也是如此。但不同于黑曜石，这些岩石是在地下被冷却的。其中钻石是世界上最硬的岩石。

沉积岩

沉积岩，旧称水成岩，是沙土和其他自然物质被挤压到一起所形成的，其中死掉的植物、动物和小圆石、沙土在湖泊、河流和大海的底部形成分层。

这些层被称为沉淀物。这些沉淀物逐渐变重并受到挤压使其逐渐融合。它们越变越硬直到变的岩石。这些岩石比火成岩要软一些。

砂岩和石灰岩都属于沉积岩。砂岩是由易碎的沙子组成的，常见的颜色有红色、棕色、绿色或者黄色。

石灰岩上面有波纹和凸起。这些凸起来自海洋动物的外壳和骨头。

沉积岩需要数百万年的时间才能成形，这些岩石的存在可以帮助科学家们有效地了解地球过去的地质特点及生物种类、分布等情况。

化石是由很久之前死掉的动植物遗体形成的。这些动植物被埋于沉淀物中，逐渐变成岩石。

变质岩

变质岩是由其他岩石演变形成的。来自地球深处的压力可以将岩石加热，从而使岩石的种类发生改变。

变质岩来源于火成岩或沉积岩。它们通常看起来与原始岩石有较大区别。

大理石是一种彩色斑斓的布满漩涡图形的坚硬岩石。它最初属于沉淀岩中的灰岩。大理石的形成需要数百万年时间。

板岩也是一种变质岩。它最初属于火成岩中的页岩。板岩颜色多为黑色、绿色、紫色或者红色。

岩石的用途是什么？

人们用岩石可以做很多事情。软岩可制成粉笔和石墨等，被人们用来写字和画画。艺术家们通常使用大理石来制作雕像。

我们兴建建筑物时常使用花岗岩及其他坚硬的岩石。我们使用钻石和红宝石来制作珠宝。

岩石就在你身边。它们“坐”在你的脚边或“躺”在沙滩上。岩石可以被挂在脖子上，也可以在你的手指上闪烁。

当你看着这些岩石时，它们会跟你“讲述”什么故事呢?

给岩石分层

沉积岩是随着时间的推移逐渐形成的。它们的上层石压着下层石。多年以后，底部的一层变成岩石。让我们来尝试一下这个实验，观察一下重力是怎样帮助沉积岩形成分层的。

你需要准备的：

小圆石子　泥土　玻璃碗　水　汤匙

你需要做的：

- 把小圆石子和泥土放入玻璃碗内；
- 加水，直到玻璃碗将满；
- 搅拌碗里的东西；
- 将碗静置10分钟。

碗内的东西会发生什么变化？鉴于你所看到的情况，你认为小圆石子和泥土哪个更重一些？你又是怎么知道的？重力作用在这个实验中的哪个环节发挥了作用呢？

改变它！

水可以在自然界以液体、固体、气体的形式出现。试试这个实验，看看水是怎么从一种形式转变到另一种形式的。

你需要的：

蜡纸

水

你需要做的：

· 在蜡纸上喷一些水，你可以用你的手指蘸水，把水滴甩在蜡纸上；

· 把这张蜡纸放进冰箱；

· 大约15分钟后，拿出这张纸。这些水滴发生了什么？

· 现在把这张蜡纸放在阳光下或者明亮的灯光下。这些水滴又发生了什么？

· 一直观察直到水滴消失，这些水滴去哪了？

无论是过去、现在，还是未来，我们和其他生物需要共享水资源。所以，请保持水的洁净！

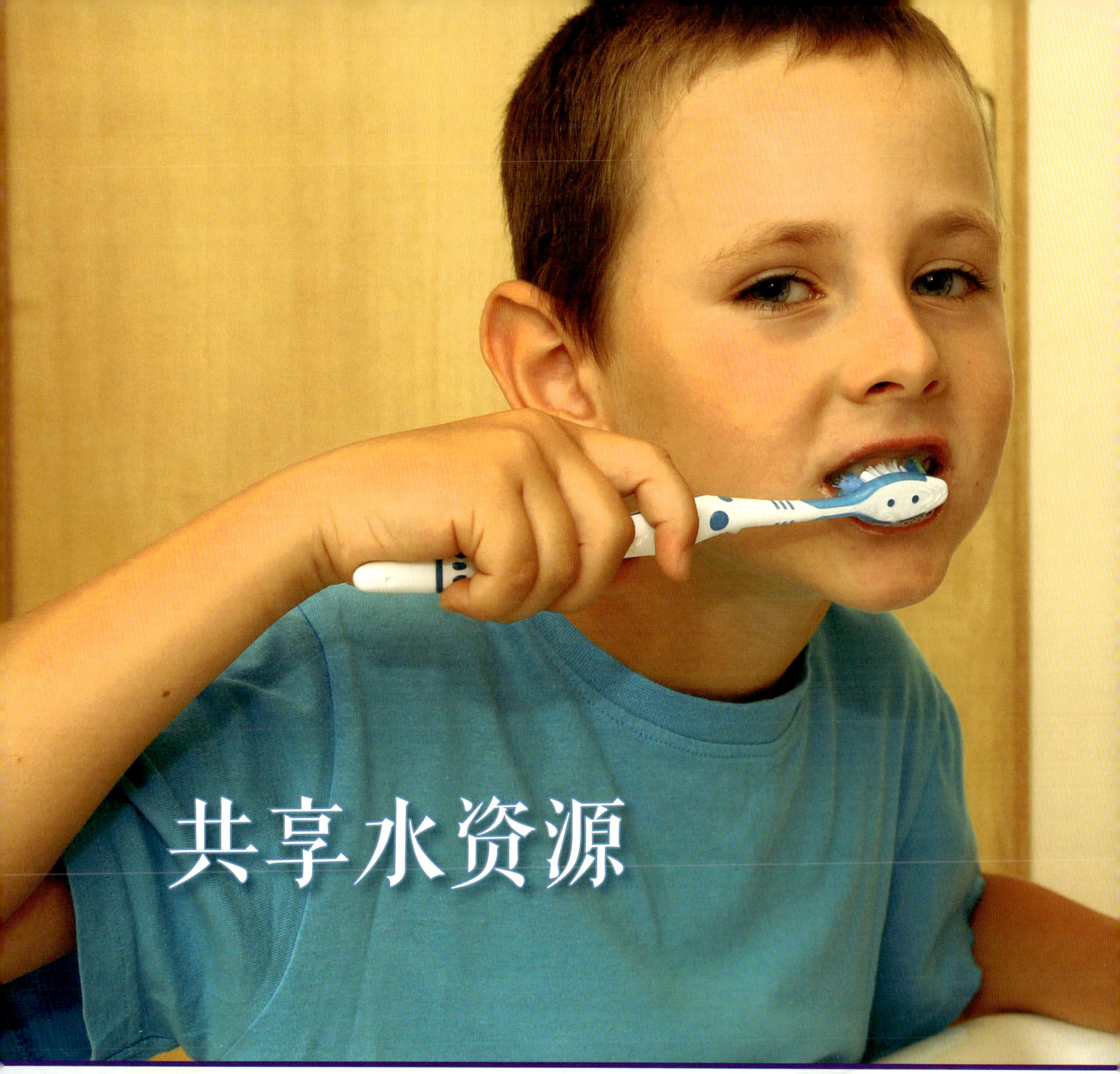

共享水资源

适量用水花较短的时间洗澡，刷牙的时候记得关上水龙头，减少种植用水，这些都是良好的习惯。

城市里，人们将水净化处理，让水变得适合饮用。但是野生动物和植物没办法净化它们的“饮用水”，它们需要我们去保持水的洁净。

工厂、农场产生的废物垃圾会引发水资源污染等问题。

地球上大约只有1%的水是适合饮用的。除此以外的大部分的水是咸海水，剩下的则是冰。

喝水

你身体的60%是由水构成的。水能让你保持健康，所以，你要确保每天喝大约2升水。

花和树把根扎入地下，汲取生长所需要的水分。

动物和植物也需要水，例如，鱼在水里游泳，
小鹿需要从湖泊和溪流里找水喝。

消防员用水灭火，农夫用水灌溉，厨师和面包师用水做食物。

水是用来做什么的？

水可以用在很多地方。你可以用它来洗手、洗衣服，你可以在水里游泳。当然你也可以喝掉它。

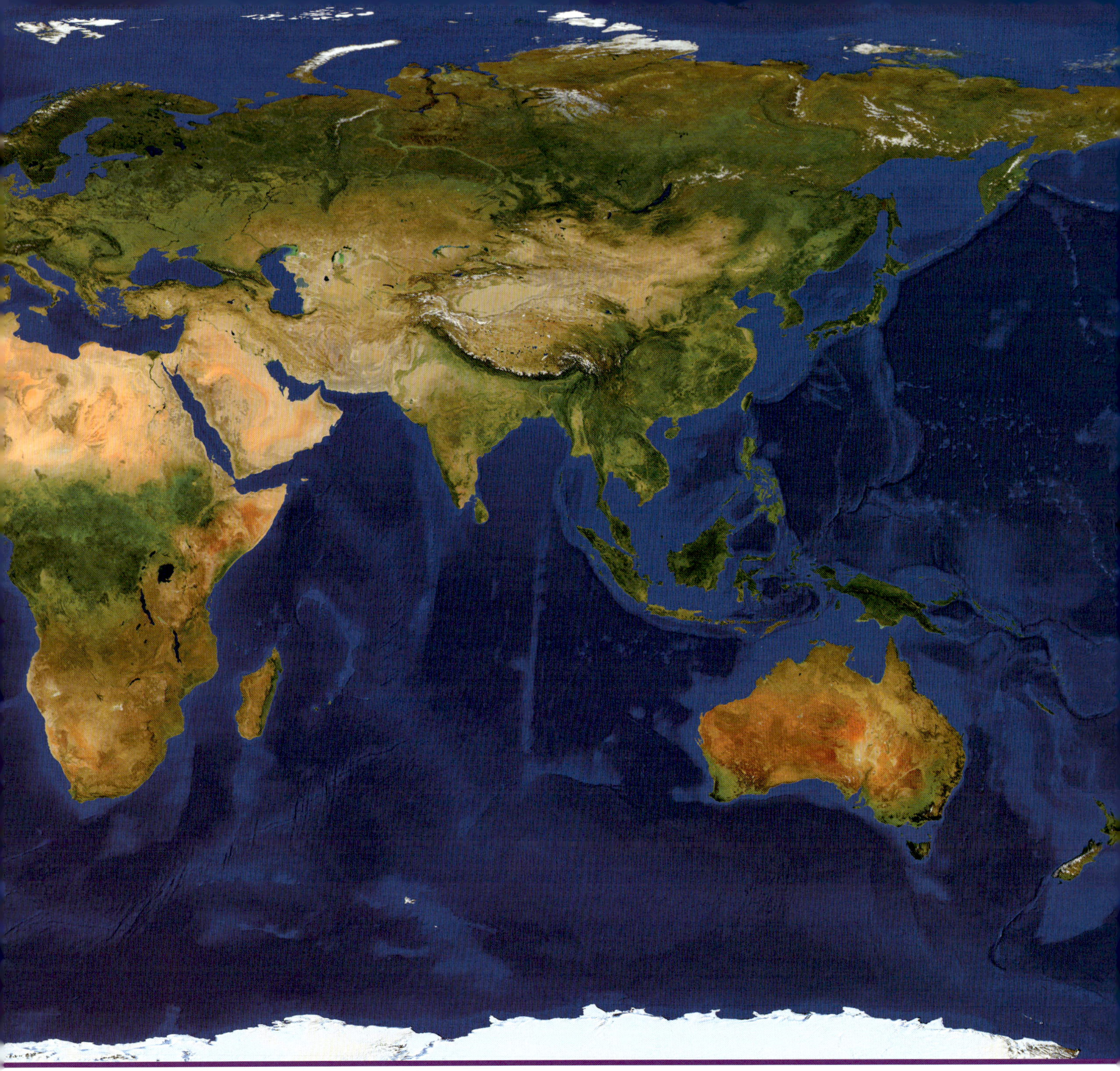

水一直在被我们重复使用，它可以移动并且可以改变形态，但是它不会消失。这些水已经在地球上存在了几百万年。你现在用的水可能是以前被恐龙喝过的！

你几乎可以在任何地方找到水，水几乎覆盖了地球总面积的71%。

原子就像砖块，把它们搭在一起就构成了分子。
仅仅一滴水就是由成千上万的分子构成的。

水是由什么构成的？

水是由被叫做原子的小粒子构成的。原子太小了，我们用肉眼看不到它。

在天气温暖的时候，水会以雨的形式降落。在天气寒冷的时候，水会以雪、雨夹雪或者冰雹的形式降落。降水会流进小河、湖泊和海洋。它可能会渗透到地下，也可能会变成山上的冰。

云是由水滴和一些少量的细尘构成的。云中越来越多的水蒸气冷却下来形成水滴，云因为水变得越来越重，意味着雨就要来啦！水从云朵中掉下来的过程被称为降雨。

在水汽充足，微风及大气稳定的情况下，相对湿度达到100%时，空气中的水汽便会凝结成细微的水滴悬浮于空中，使地面水平的能见度下降，这种天气现象称为雾。

凝结的现象会出现在一杯装满冰水的杯子上，也会以露水的形式出现在清晨的草地上。在寒冷的冬日，你可以在窗户上看到它。霜是凝结成冰的露水。

水蒸气在上升的过程中自然冷却。冷却后的水蒸气重新变回液体。这个过程被称为凝结。

太阳散发出的热能使水的温度升高，因此水从液体变成了气体，蒸发了。水蒸气上升到空中，无处不在，它是一种你看不到的气体。

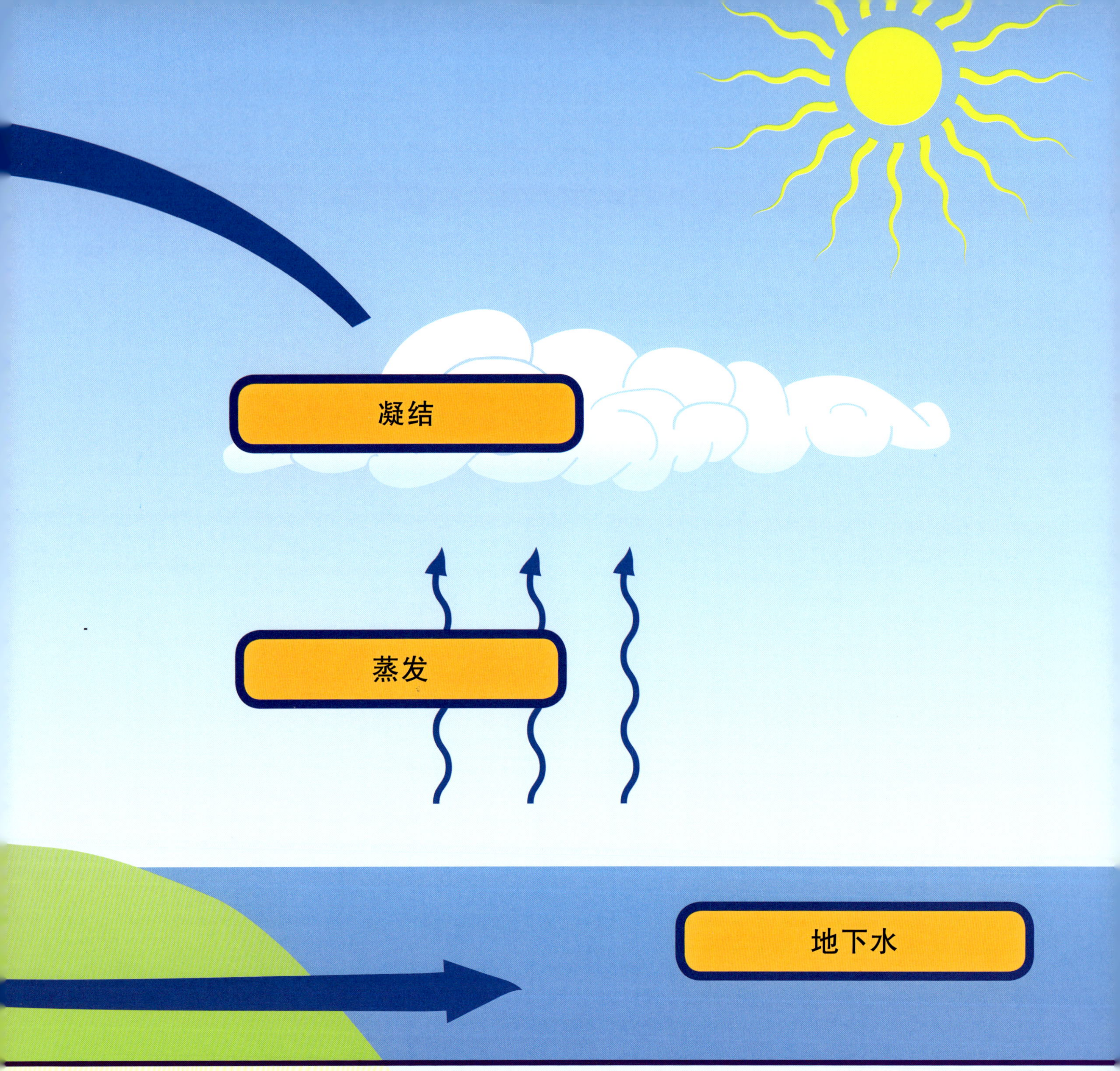

在这个循环系统中，水是不断变化的。水循环没有开头也没有结尾。

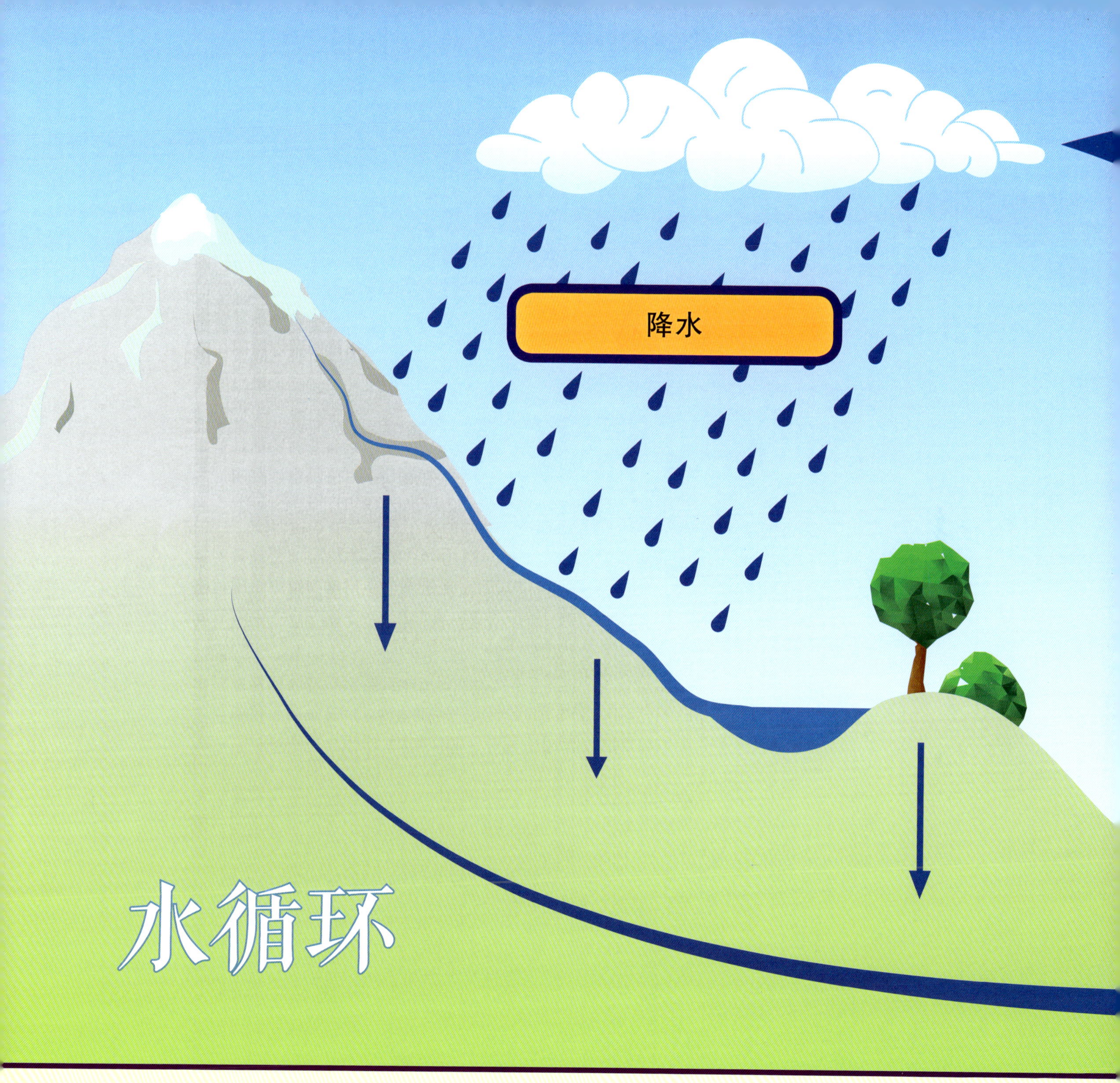

雨不是凭空而来的，它是地球水循环系统的一部分。

有的雨以雾态，在云朵里飘浮，有的在地下穿行，有的在溪流里流淌。它们无处不在！

雨是从哪里来的?

滴答，滴答，掉雨点啦！它们是从哪里来的呢?

目 录

黑版贸审字：08-2019-114
图书在版编目(CIP)数据

极简科学.3，水/(美)艾米丽·杰姆斯(Emily James)著；秦笑妍译.—哈尔滨：黑龙江科学技术出版社，2019.7
ISBN 978-7-5719-0118-9

Ⅰ.①极… Ⅱ.①艾… ②秦… Ⅲ.①科学知识—普及读物 ②水—普及读物 Ⅳ.①Z228 ②P33-49

中国版本图书馆CIP数据核字(2019)第095213号

水
SHUI
[美]艾米丽·杰姆斯 著 秦笑妍 译

项目总监	薛方闻
项目策划	孙 勃 王 哲
责任编辑	马远洋
封面设计	林 子
出 版	黑龙江科学技术出版社
	地址：哈尔滨市南岗区公安街70-2号 邮编：150007
	电话：(0451)53642106 传真：(0451)53642143
	网址：www.lkcbs.cn
发 行	全国新华书店
印 刷	雅迪云印(天津)科技有限公司
开 本	230 mm×260 mm 1/12
印 张	$2\frac{1}{3}$
字 数	2千字
版 次	2019年7月第1版
印 次	2019年7月第1次印刷
书 号	ISBN 978-7-5719-0118-9
定 价	174.00元(全六册)

极简科学系列

A+ books

水

[美] 艾米丽·杰姆斯　著
秦笑妍　译

黑龙江科学技术出版社